AF233052

A. RALUD-MAR

LE
LIVRE DE LA FRANCE

OU

L'EXALTATION AU PATRIOTISME

Tu dois dire la vérité,
Toute la vérité,
Rien que la vérité,
Dût-on te meurtrir la bouche,
d'où sort cette vérité.

Deuxième édition

PARIS

EN·VENTE CHEZ TOUS LES LIBRAIRES

Droits de reproduction et de traductions réservés

1880

LE
LIVRE DE LA FRANCE

Lb⁵⁷
7355

Imprimerie de Poissy — S. Lejay et Cie.

Seine et Oise
N° 424

A. RALUD-MARTYN C

LE
LIVRE DE LA FRANCE

OU

L'EXALTATION AU PATRIOTISME

Tu dois dire la vérité,
Toute la vérité,
Rien que la vérité,
Dût-on te meurtrir la bouche,
d'où sort cette vérité.

PARIS

EN VENTE CHEZ TOUS LES LIBRAIRES

Droits de traduction et de reproduction réservés

DÉDICACE

AUX TROIS GRANDS CITOYENS DE LA RÉPUBLIQUE
LIBÉRALE ET CONSERVATRICE

THIERS, GRÉVY & GAMBETTA

1869-1870.

PRÉFACE

Ce livre est à toi, ma France;

C'est ton sang,

C'est ta chair.

Quand tu le liras, un grand frisson fera palpiter ton cœur;

Tu te redresseras vaincue, mais fière,

Vaincue, mais grande,

Vaincue, mais sublime.

Tu verras le présent préparant l'avenir;

Tu te verras libre,

Tu te verras forte.

Forte, quoique sans l'Alsace;

Forte, quoique sans la Lorraine;

Forte, malgré tes cinq milliards en moins;

Malgré toutes tes blessures;

Malgré tous les partis,

Et tu espèreras.

Tu espèreras de redevenir la grande France,

La France de 93 !

Celle, qui avait pour devise : Liberté, Egalité, Fraternité.

Celle, qui a vaincu le monde, et qui le vaincra encore.

Oui, ma France ! quand tu évoqueras les grands noms de : *Reischoffen — de Bazeille — de Châteaudun — de Coulommiers — de Paris — d'Orléans.*

Tu pourras t'écrier :

Non ; la France n'est pas morte !

Non ; la France ne mourra pas !

Car elle est l'âme des nations ;

Elle est le génie de l'Europe ;

Et l'âme et le génie..... ne meurent pas !

Paris, le 9 juillet 1879.

LE
LIVRE DE LA FRANCE

APOTHÉOSE DE M. THIERS

Extrait de la Séance du 15 Juillet, ou fut votée
la guerre

M. THIERS, — Je serais seul (*interruption*) je serais
seul, que pour la gravité du sujet, vous devriez m'entendre.

Eh bien! Messieurs, est-il vrai, oui ou non, que
sur le fond, c'est-à-dire sur la candidature du prince
de Hohenzollern, votre réclamation a été écoutée,
et qu'il y ait été fait droit?

Est-il vrai que vous rompiez, sur une question
de susceptibilité très honorable, je le veux bien, mais

vous rompez sur une question de susceptibilité? *mouvement*).

Eh bien! Messieurs, voulez-vous qu'on dise, voulez-vous que l'Europe tout entière dise que le fond était accordé, et que, pour une question de forme, vous vous êtes décidés à verser des torrents de sang. (*Réclamations bruyantes à droite et au centre.*)

(*Approbation à gauche.*)

M. LE MARQUIS DE PIRÉ. — C'est tout le contraire!

M. THIERS. — Prenez-en la responsabilité!

M. LE MARQUIS DE PIRÉ. — Oui! oui!

M. GLAIS-BIZOIN. — Non!

M. THIERS. — Je ne voudrais pas qu'on puisse dire... (*Interruptions*). Que j'ai pris la responsabilité d'une guerre fondée sur de tels motifs; je demande donc, à la face du pays, qu'on nous donne connaissance des dépêches, d'après lesquelles on a pris la résolution qui vient de nous être annoncée; car il ne faut pas nous le dissimuler, c'est une déclaration de guerre!

(*Certainement! — Mouvement prolongé.*)

M. GRANIER DE CASSAGNAC. — Je le crois bien!

M. THIERS. — Pour moi, si j'avais eu l'honneur de diriger, dans cette circonstance, les destinées de mon pays (*nouvelles interruptions*) j'aurais voulu lui ménager quelques instants de réflexion, avant de prendre, pour lui, une résolution aussi grave.

M. Biroteau. — Quand on est insulté, on n'a pas besoin de réfléchir.

M. Thiers. — Laissez-moi vous dire, que je regarde cette guerre, comme souverainement imprudente. J'aime mon pays; et, si j'ose le dire, dans mon expérience, l'occasion est mal choisie. (*Interruptions*)

Oui, quant à moi, je suis tranquille pour ma mémoire; je suis sûr de ce qui lui est réservé pour l'acte auquel je me livre en ce moment; mais pour vous, je suis certain qu'il y aura des jours où vous regretterez votre précipitation. (*Allons donc! — Allons donc !*)

« *A gauche :* Très bien ! Très bien ! »

M. Thiers. — Eh bien ! quant à moi...

M. le marquis de Piré. — (*Avec violence.*) Vous êtes la trompette antipatriotique du désastre (*N'interrompez pas! Allez à Coblentz! — Plusieurs membres qui entourent M. de Piré le font rasseoir.*)

M. Thiers. — Je souffre, croyez-le, d'avoir à parler ainsi.

M. le marquis de Piré. — C'est nous qui souffrons de vous entendre. (*Exclamations diverses.*)

M. LE BARON JÉROME DAVID. — Gardez vos leçons !
nous les récusons.

. . . .

. . . .

. . . .

. . . .

Après ces paroles, que restait-il à faire à M. Thiers ?
  Courber sa tête de vieillard,
  Secouer la poussière de ses sandales,
  Essuyer ses larmes et s'écrier :
« Mon Dieu ! mon Dieu ! ayez pitié de la France ! »
      Thiers !
  Il était petit ; il était bourgeois ;
  Mais il avait le cœur grand ;
  Il avait l'amour de la patrie !
  Conspué, insulté, honni,
Il a fait son devoir ; il l'a fait jusqu'au bout. Et,
lorsque ces paroles prophéthiques se sont accom-
plies ; quand toute la horde Napoléonienne, toute cette
noblesse de mauvais aloi a vu l'expiation,
  Elle s'est levée, comme un seul homme, pour crier :
      A bas la République !
  C'est de la faute des Républicains !
  — Des Républicains !... Farceurs !!
  Des Républicains !... Jésuites !!

C'étaient les Républicains qui avaient voté la guerre ?

C'était la gauche, n'est-ce pas ? qui avait crié : « A Berlin ! »

Arrière ! misérables !!

Ce sont ces pensionnaires de l'Empire ;

Ce sont ces rapaces, sans cœur ni patrie ;

Ceux-là, qui insultaient Thiers ;

Ceux-là, qui lui disaient encore quand il s'écriait :

« La France n'a plus de fautes à commettre,

— La France n'a jamais commis de fautes.

Et ce sont ceux-là, qui voudraient encore régner,

Qui voudraient encore diriger la destinée du pays !

Allons donc !

Oh ! cent fois non !!

Si le mépris tue..... méprisons-les.

Mais, si jamais la France a le droit de demander justice,

Qu'on les traîne tous à la barre, eux et leurs petits fils, et qu'on les rende responsables des tortures atroces de la France.

Thiers !!

A genoux, gredins de l'Empire, venez lui baiser les pieds !

Thiers !!

Le libérateur du territoire!

Le sauveur de la France!

Thiers!!

Le fondateur de la République!

De cette République conservatrice et libérale qui n'a eu qu'un tort : celui d'oublier trop tôt.

Ah! dites qui sont les coupables?

Dénoncez-les aujourd'hui.

L'histoire est là!

L'histoire qui vous criera :

« Vous mentez!

Les coupables?

C'est toute cette noblesse éhontée;

Ce sont tous ces familiers de l'Empire;

Ce n'est pas la bourgeoisie,

Ce n'est pas le peuple.

Ce sont les Royalistes et les Impérialistes,

Les gorgés et les agenouillés.

Tous ceux qui n'avaient rien à attendre de ces trois mots sublimes :

« Liberté. Égalité. Fraternité. »

Tous ceux qui sentaient bouillonner dans leur cœur, non l'amour de la patrie..... mais cet amour égoïste et bas, cette soif des richesses et des dignités.

Ah! Français!! qu'avez-vous fait de la France?

Et vous venez, aujourd'hui qu'elle est en deuil,
>> Qu'elle est meurtrie,
>> Qu'elle saigne encore,
Qu'elle pleure l'Alsace et la Lorraine, lui dire :
« C'est la République qui t'a perdue. »
>> La République ! ! !
>> Arrière ! ! !
La République, ne l'a jamais faite que grande ;
La République, n'a que la noblesse du cœur ;
La République, n'a que la Liberté sublime,
>> L'Égalité de ses enfants,]
>> La Fraternité de leurs aspirations.
>> Elle n'a pas de couronnes d'or,
>> Elle n'en a que de lauriers.
>> Elle n'a pas de blason ;
>> Elle n'a que sa devise ;
Cette devise qu'elle a proclamée à la face de l'Europe, et qui rend l'esclave..... homme !
>> Cette devise qui vous fait la haïr,
Cette devise divine, que vous voudriez voir disparaître du globe entier.

Cette Liberté ! Cette Égalité ! Cette Fraternité que les deux hémisphères ont bégayées, ont criées, ont chantées, ont bénies, et pour qui tant de martyrs ont donné leur sang.

Eh bien ! non !

Vous ne la tuerez pas, cette République ;

Vous ne lui arracherez ni sa cocarde, ni sa devise ;

Parce qu'on ne tue pas la liberté ;

Parce que tous les hommes sont égaux ;

Parce que le Christ a proclamé la Fraternité,

Et que : Liberté, Égalité, Fraternité, sont des choses divines.

Et que ceux qui veulent les détruire,

Sont détruits par elles :

93 est là !

Il a buriné sur le marbre, sur l'airain, dans le cœur humain, ces trois mots de feu ;

Il les a gravés sur les Pyramides ;

Il les a proclamés dans les temples ;

Il a, sur l'échafaud, jeté ce cri terrible :

« La tête d'un roi ne pèse pas plus que celle d'un citoyen. »

La tête d'un roi, devant Dieu, n'a ni couronne, ni majesté ; elle n'a que la responsabilité de ses actes.

Donc, le peuple a le droit de juger et de se prononcer.

Eh bien ! L'Histoire dira un jour :

« Ce n'est pas la bourgeoisie ;

Ce n'est pas le peuple qui a perdu la France de 93,
ni la France Impériale ;

C'est la noblesse,
La Royauté et l'Empire,
La vieille féodalité,
Et la nouvelle.
Et, le sauveur,
Le libérateur,
Le prophète,
C'est Thiers !
Le petit bourgeois ;
Thiers, le grand patriote ;
Thiers, l'insulté !

Thiers, dont l'apothéose écrasera, et la royauté
vermoulue, et l'empire éphémère des deux Césars.....
pour laisser régner la grande et sublime devise :
« Liberté, Égalité, Fraternité. »

I.

REISCHOFFEN

---

*Au général Faidherbe (le vainqueur de Bapaume
et de Pont-Noyelles)*

— Quel est l'ordre que l'on vient de donner?
— L'ordre de mourir.
Ah! pauvre France! Admire encore, durant quel-
ques secondes, ces héros légendaires.
Regarde-les, ruisselants d'étincelles,
L'œil en feu, l'épée haute.
Regarde-les, frémissants d'enthousiasme, impa-
tients de mourir.
Oh oui! acclame-les, avant qu'ils ne tombent :
Salue l'héroïsme de tes enfants,
L'héroïsme de tes cuirassiers !

. . . .

Le clairon sonne ; le fer a brillé.

Cette armée de centaures s'est élancée soudain, au cri de : En avant.....

En avant..... chargez ! !

Et comme une trombe qui passe, nivelant tout sur sa route, ces bataillons d' acier moissonnent et couchent l'ennemi.

Le sol tremble ; l'air est embrasé ;

Le salpêtre en furie a grisé les cerveaux ;

La fusillade pétille ; le tambour bat au loin ;

Et, comme une voix géante, le canon gronde et tonne.

O ciel ! arrêtez-les !

Mais où vont-ils, grand Dieu ?

Le village de Morsbronn est rempli d'embuscades, c'est la mort ;

Ils le savent.

O fatalité !

Ils savent qu'il faut mourir..... Qu'importe ! En avant !

Et la trombe débouche dans un nuage épais

Mais ils sont là..... les gueux..... cachés..... rampants.... mesquins....., et, à l'abri du fer, ils assassineront ces braves.

Un à un, ils s'affaissent, frappés sans voir l'ennemi.

Ils s'affaissent en criant : En avant ! En avant !

Les vides se bouchent ; les cœurs battent ;

Les chevaux bondissent, et toujours, et toujours, la trombe nivelle et couche tous les obstacles qu'elle trouve.

Mais, il faut cette fois descendre dans le vallon, sous une pluie de fer.

Les batteries prussiennes tirent... tirent sans relâche.

Il faut franchir des houblonnières, où les chevaux se cabrent, se dressent, s'affaissent.

Il faut se faire un chemin... pour aller à i'ennemi... Ils iront !

Et la trombe, en un bond, a descendu la côte, roulant, comme un tonnerre, avec de longs fracas.

Oh ! quel coup d'œil terrible !

Oh ! quel tableau sublime !

Dans un fond, éclairé par des lueurs rougeâtres, où pleuvent les obus, la mitraille et les balles,

Où le sol tressaille, comme le sol d'un volcan,

Où la pierre en éclats vole de toutes parts, la trombe décimée s'est encore reformée.

Elle monte..... elle monte toujours.

Et cette poignée sanglante, noire, déguenillée, se dresse, se serre encore autour de son drapeau.

Ils tombent, ils agonisent dans cette fournaise de feu..... qu'importe !! Il faut mourir, pour couvrir la retraite... Ils mourront !

Et la trombe vient heurter les carrés prussiens dans lesquels elle s'engouffre, comme un coin d'acier.

Les chevaux fous de rage, les naseaux frémissants, piétinent, ruent et mordent.

Homme à homme, corps à corps, on s'attaque, on se frappe,

On chancelle, on s'affaisse, on se redresse encore ; et le dernier coup tue le maître et le coursier.

Oh ! qui chantera jamais les exploits de ces lions !

De ces soldats géants !

De ces fiers cavaliers !

Qui donc décrira cette mort grandiose et lente ?

La mort de ces Titans, taillant dans une armée leur place pour tomber !

Qui donc les pourra peindre ? quand un tronçon d'épée en main, le casque fendu, le visage livide, la bouche écumante, ils parent, ils frappent, ils tuent, ils frappent, ils frappent toujours.

Oh non ! tu n'es pas morte, ma France..... ma France chérie.

Hourra ! ! Hourra !! Hourra ! !

Cette défaite sanglante te vaut une grande victoire.

Reischoffen sera légendaire.

Reischoffen sera le soufflet de l'héroïsme... donné à la nation prussienne.

Paris, le 28 juin 1879.

UN MARTYR

A mon ami le docteur Zabé

— Tu as vingt et un ans aujourd'hui, mon enfant,
    Tu es un homme.
    Jusqu'à présent je me suis tue ;
    Mais aujourd'hui je vais parler.
    Viens-t'en avec moi...
    Tiens, regarde bien ce mur,
Ce mur, devant lequel tu me voyais si souvent pleurer.
    Ce mur !! ah ! mon fils!
    Ce mur crie vengeance !
Que de fois m'as-tu vue m'y agenouiller, prier.
    Tu me demandais chaque fois :
        Mère qu'as-tu ?
Et je te répondais : Rien, enfant... un souvenir...
ton père !

Eh bien! oui...

— Mère, tu pâlis!

— Ton père y a été fusillé ; outragé.

— Mon père! !

— Oui, mon enfant... il dort au pied de ce mur,
avec douze balles prussiennes.

— Mon père ! mère, mon père !

— Oui, enfant.

— Oh! je comprends maintenant,

Je comprends ton secret.

— Et je vais te raconter sa mort; car aujourd'hui,
tu es un homme.

Il avait soixante ans ; toi, tu étais loin de nous, car
sans doute comme lui, tu serais tombé martyr.

Un soir, on frappe au logis.

— Qui est là? dit ton père.

— Ouvrez, ou j'enfonce la porte !

Ton père ouvre.

Un officier prussien blessé... se présente.

— Il y a des francs-tireurs, ici, dans les bois?

— Je n'en sais rien, répondit-il.

— Ah! tu n'en sais rien, eh bien! moi j'en sais
quelque chose ; tiens, regarde mon bras!

Son bras pendait saignant.

— Que voulez-vous que je fasse?

— D'abord, me dénoncer ceux qui manquent dans le bourg.

— Dénoncer des Français, à mon âge, Monsieur !
Oh! vous vous adressez mal... demandez ça au maire... à ceux qui en ont charge.

— On m'a dit que tu connaissais tout le monde ici ?

— Oui certes, je le connais... mais ce n'est pas une raison, pour me faire dénonciateur.

— Tu parleras, ou foi de prussien, tu paieras pour les autres.

— Parler... Non !
Mourir... Oui !
A soixante ans, on peut bien dire adieu à la France, et servir à quelque chose.

— Gredin !

— Le gredin, c'est vous... qui menacez sans honte un homme de soixante ans.

— Tais-toi, ou je te fais f... ton compte.

— Oh! ne croyez pas, Monsieur, m'intimider; j'ai dit et je vous le répète : le métier de... dénonciateur... ça n'est pas fait pour moi !

— Ah! tu protèges les francs-tireurs,
Tu fais cause commune avec eux ;
Eh bien! je vais donner un exemple à la commune.

— Je suis français, Monsieur, comme vous vous êtes prussien, et je fais pour mes frères, ce que vous, sans doute, à ma place feriez.

— Tais-toi, f... jean-f... tais-toi, ou je te tue!

— Tuez-moi... c'est votre droit; mais ne m'insultez pas!

— Eh bien! soit, nous verrons qui aura le dernier mot. Et, sortant un sifflet de sa poche... le gueux! il appela par trois fois... d'autres qui l'attendaient.

—Empoignez-moi cet homme, et faites-le marcher.

A coups de crosses et de pieds, à coups de poings et de plats de sabre, on l'emmena ainsi, jusqu'à ce mur en ruines.

Halte-là! cria l'officier furieux; et sur deux rangs; mettez-vous à l'instant.

Ton père avait pâli; il me voyait de loin, suivie de ta petite sœur et de ton oncle André.

Deux larmes perlaient amères, à ses grands cils d'argent.

— F... toi-là au mur, dit encore l'officier; et si tu ne parles pas, au commandement de trois... tu paieras pour les autres.

— Un, dit-il.

Les soldats abaissèrent l'acier étincelant. Ton père... chancela... il s'appuya au mur.

— Deux, dit-il.

Les soldats touchèrent la détente. Ton père me regarda... et me fit signe (adieu).

— Trois, dit-il.

Et un roulement terrible... que j'entends encore... qui me jeta à terre — le foudroya.

Et tandis qu'à demi-morte, on me relevait, l'officier prussien — un grand blond de trente ans — le poussait de sa botte contre le mur sanglant.

— Oh mère ! mère ! mère ! vengeance ! !

— C'est ce que j'ai dit comme toi.

C'est pourquoi j'ai vécu.

O mon fils ! pleure, pleure.

J'ai tant pleuré déjà.

Mais il me fallait vivre, pour t'enseigner la haine, pour te mettre, dans la cœur, le fiel qu'ils m'ont fait boire !

Ah ! si jamais, enfant, la France criait : debout ! aux armes ! à Berlin ! et que tu ne fusses pas au premier rang.

Entends-le bien... ta mère te maudirait... Tu serais un lâche ! !

— Patience, mère, patience !... Lorsque l'heure sonnera, moi et mes enfants, nous serons au premier rang.

— Viens m'embrasser, tu es digne de ta mère !...
allons, ne pleure plus, je suis heureuse et fière.
Et lorsque ton cœur aura besoin de haine, viens te
mettre à genoux auprès de ce vieux mur; contemple
ces trous sanglants que le plâtre a gardés, et crie en
te levant :

Vengeance ou la mort !

NAPOLÉON III

O laquais insolent! O lâche! O vil gredin !

Dans le sang, tu as su échafauder ton trône;

Dans le sang qui ruisselle, il s'affaisse sourdement.

Sedan ! !

Un jour l'histoire te marquera au fer rouge, non
d'une fleur de lys... mais d'un stigmate infâme.

Ah ! rayons-le à jamais... rayons-le... nions-le !

Il n'était pas Français... dites... qu'il était Corse.

On peut être grand... là-bas... comme on peut être
petit.

Mais jamais la France ne fut lâche ! !

Jamais la France ne fut couarde !

Jeanne d'Arc, Jeanne Hachette ;

O désertez vos tombes!

Venez souffleter le vil assassin.

La France meurt, mais elle ne se rend pas !

Il a fallu ce Corse, ce corsaire, ce vaurien, pour aller à genoux, tendre son épée brisée...

Allons donc? Son épée... vierge encore... son épée de paillasse !

La cigarette aux lèvres, la peur au cœur, il faisait hisser le drapeau blanc...

Pour se battre?... Non ; pour se rendre !

Oh ! cache sa honte, ma France !

Lave, essuie le sol, où cet infâme est né, fais passer le feu,

Brûle, brûle, purifie la pierre et le granit.

Plus de Napoléon ; plus de Corse ; plus rien.

L'aigle s'est fait hibou ;

Le soleil s'est fait nuit.

Nions-le, l'assassin, nions-le et sa compagne.

Courbé, vil, petit, ô peuple tu t'es sali !

L'or s'est changé en boue, entre tes mains rapaces.

Et quand la France, la grande France de 93 t'a crié :

Aux armes !

A moi, mes fils, je meurs !!

On m'égorge ;

On me tue ;

L'Alsace a sur le sein le talon des Prussiens ;

La Lorraine expire ;

Paris est menacé !

Tu as répondu : « Ça, ça regarde l'Empereur. »

O malédiction !! O triste avilissement !

Mais l'honneur d'un pays ne regarde pas qu'un homme.

Chaque citoyen est libre d'être brave ou d'être lâche, de se faire frapper par derrière ou devant.

Chaque citoyen est libre de vaincre ou de se rendre... de payer en argent... ou de payer en plomb... sa dette à la patrie.

Mais tu as préféré, peuple qu'on a abruti,

Peuple hébété, peuple sans foi ni loi, payer à la Prusse ta rançon en monnaie.

Oh ! voilons ce tableau... cachons ces turpitudes.

Sedan !!!

Apothéose infâme de l'infâme César,

Cynique comédie... où un chie-en-lit s'en va rendre à Guillaume... son épée au fourreau ;

S'en va lui dire : « Sire... ayez pitié de moi... Si j'ai été canaille, sale, crapuleux,

Ce n'est pas ma faute...

C'est le peuple...

C'est la France ! »

La France !! tu en as menti !

La France n'en voulait pas,

Ce n'était pas sa guerre, à elle.

C'est à force de gueuseries, de mensonge, d'argent,
que tu as fait mousser la fibre patriotique.

A Berlin! crient les courtisans.

En avant! crie Lebœuf, « *il ne leur manque pas
même un bouton de guêtre!* »

— A tes guêtres peut-être, sacré farceur titré, maréchal de deux liards... jean-f..... à plumet haut.

— A de Moltke peut-être, il ne manquait rien... si
ce n'est la Lorraine, l'Alsace et la Champagne.

— Ah! c'est assez, messieurs, c'est assez vous f.....
de ce bon peuple français, il viendra un jour où, tigre
il se lèvera, et d'un seul coup de patte vous jettera
tous à terre.

Assez, assez, assez, ne nous badinguez pas.

Zut!! Arrière!! Place!!

F..... !! on ne salit pas la France de Charlemagne,
la France de Henri IV, sans qu'un Français ne crie :

« Rendez-nous, rendez-nous la Lorraine et l'Alsace. »

Thiers, tout petit bourgeois, valait plus que vous
tous, et pendant que chaque jour vous l'éreintiez à
plat... lui, que faisait-il?... Il payait la rançon... la
rançon des Césars... avec l'or de la France.

Ah justice divine !!

Ah glaive étincelant !!

Frappe, frappe encore, frappe toujours;
Moissonne sans pitié ceux qui haïssent la France;
Frappe l'Anglais égoïste;
Frappe l'Autrichien crédule;
Frappe l'Italien sans foi;
L'Allemand pillard et lâche;
Mets dans ta balance ces poids encore sanglants :
Sébastopol, Magenta, Sadowa... et tant d'autres...,
et si la dette est lourde... frappe, ô frappe! Dieu de
gloire, Dieu maître de toutes choses!

Et que de ce torrent de sang, qui a lavé la France
des saletés d'un César... naissent ses défenseurs !

Paris, le 29 juin 1879.

BAZEILLE

A mes compatriotes de l'infanterie de marine,
tombés à Bazeille

— Rendez-vous !

— Feu ! hurla une voix.

Et l'on entendit des corps s'affaisser lourdement.

Chargez alors !

Et les Bavarois s'élancèrent à l'assaut de la maison

Dix fois ils atteignirent la crête du mur ; dix fois le
mur ruissela de sang, mais ne céda point.

Que faire ?

Les obus pleuvent des deux côtés ;

La fusillade pétille ;

Le canon gronde ;

L'incendie s'allume.

2.

Il faut pourtant traverser le chemin.

Une poignée d'hommes n'arrête pas une armée.

Le cercle se resserre; les Bavarois furieux trépignent de colère.

— Brulons-les!

On ne brûle pas la pierre.

Allez chercher de la paille, qu'on les enfume!

Peine perdue.

Le vent souffle du côté opposé.

Que faire? que faire?

— A l'assaut! s'écrie le commandant et balayez-moi ça.

— Balayer, balayer, crie une voix; prends garde que ce ne soit toi qu'on ne balaye tout à l'heure. Et, appuyé par une batterie, un nouveau bataillon s'élança à l'assaut. La brèche est faite cette fois; le mur s'est écroulé; mais un obstacle se dresse tout à coup... un fortin... fait de sacs de terre, de moëllons, de troncs d'arbres.

— Ah malédiction! on n'en finira donc pas, s'écrie le commandant.

En avant! prenez-le...

Mais une balle au cœur le couche sur le flanc, et une décharge meurtrière les arrête court.

Fous de colère, les yeux hagards, les Bavarois s'é-

lancèrent de nouveau, et, durant une heure, le sang
ruissela par torrents. On montait sur des tas de cadavres ; on piétinait les morts ; on achevait les blessés.

Enfin, le fortin cède ; une ouverture béante permet
de pénétrer. — Où sont les Français... ils sont donc
tous partis ?

— Excepté moi, crie un vieux sergent... je suis le
portier.

— Où a passé l'ennemi ?

— D'abord l'ennemi... c'est vous !

—Gredin! veux-tu nous dire le chemin qu'ils ont pris?

— Ça... c'est plus grave... alors. Tenez... par ce
trou-ci.

— Descendons-y de suite.

— Oui-dà, et tous ensemble !

Et le brave sergent, quoique affreusement blessé,
étendit la main vers un caisson de poudre.

Les ruines entières descendirent en même temps,
avec un bruit terrible dans les caves du logis.

Affreuse mêlée.

Sanglante boucherie.

On aurait pu gâcher le plâtre avec le sang.

Bras et jambes, crânes et chairs avaient volé partout. Des lambeaux palpitants s'agitaient encore,
puis... plus rien... que le roulement sinistre de toutes

ces voix de cuivre hurlant, comme des molosses, leurs notes graves et sonores.

— En avant, marche ! cria une voix.

Et les Bavarois se remirent en route.

Mais à vingt pas de là, une porte s'ouvrit, et une grêle de balles en faucha tout un rang.

— Volte-face ! et f...-moi le feu partout !

Qu'on les rôtisse jusqu'au dernier...

Pas de quartier ! !

Et la flamme, lèchant tous ces toits lézardés, courait sans cesse des assises au grenier, du dehors au dedans, avec un bruit sinistre.

Une femme apparut, tenant ses deux enfants ; elle criait : grâce ! Messieurs... pas pour moi... pour eux ;

Sauvez-les et tuez-moi !

— Au feu la louve ! au feu !

— Soit ! mais les enfants ?

— Les louveteaux aussi. — Pas de pitié... qu'ils crèvent.

Et frappée, repoussée, la baïonnette aux reins, la mère et ses deux fils tombèrent dans le foyer.

Mais quoi ! Est-ce possible ?

O instinct sublime !

Tandis qu'elle brûle déjà en poussant de grands cris, elle tient hors des flammes, au dessus de sa tête, le plus jeune de ses enfants, et l'embrassant encore, elle le lance sur la route.

Pantelant, étourdi, le petit se redresse. Mais d'un coup de pied, un lieutenant Allemand le rejette dans les flammes.

Hourra !! Hourra !! Hourra !!

Il brûle ; il pétille ; ses petites mains crispées se tordent, se calcinent.

Allons, sauvages, allons, continuons nos prouesses !

Là, c'est un vieillard que l'on égorge froidement,

Ici, un moribond qu'on achève dans son lit.

Plus loin, c'est une jeune fille, une enfant de treize ans, que l'on viole... sur sa sœur... morte en la défendant.

Ils sont cinq qui la tiennent, et la sublime martyre dont la poitrine saigne, crie :

Au secours, ma mère !

Au secours, on me tue !

La mère est là ; elle regarde... elle sourit... elle danse... elle parle... elle chante... elle est devenue folle.

Hourra !! Hourra !! Hourra !!

Continuez bourreaux.

Brûlez, pillez, violez, assassinez lâchement.

Votre tour viendra.

A défaut de la justice humaine, il y a la justice divine

Mais qu'est-ce encore ? grand Dieu ! !

Les Français ! les Français ! !

En avant, au pas de course, ils débouchent d'une grange qu'on croyait pourtant vide.

Et là, une lutte atroce, glorieuse, palpitante, fit tomber les vingt hommes, un à un, sans une plainte. Ils tombèrent en héros, sur un monceau d'ennemis. Mais Bazeille. enflammée, semble une fournaise ardente.

Les toits s'affaissent ;

Les murs se disjoignent.

Des colonnes de fumée tournoient, obscurcissent l'air.

C'est un chaos sans nom.

C'est un enfer terrible.

Les râles des mourants se mêlent aux chants féroces.

Le ciel est rouge.

La terre est sanglante.

Et la flamme dorée, lorsqu'elle se fait jour... montre ces damnés massacrant et pillant.

Officiers comme soldats frappent sans voir, sans entendre ; ils ont l'ivresse du sang ; rien ne peut les fléchir.

La consigne est de tuer ;

La consigne est d'être lâche !

Et, pendant qu'on transporte aux ambulances lointaines les derniers blessés de ces scènes d'horreurs,

les hideux Bavarois, pour se mettre en goguette,
jouent la *Marseillaise*, les *Pompiers de Nanterre*.

Ah c'est atroce ! ! c'est lâche ! !

C'est féroce ! ! c'est sale ! !

D'insulter le mourant que l'agonie endort,

D'insulter le héros qui pleure sa patrie.

Regardez-les donc, ô hyènes non repues ;

Regardez-les bondir de douleur et de rage, au
soufflet qu'ils reçoivent.

Quoique blessés, mourants, ils se dressent encore,
pour maudire et voir.

Ah Bazeille ! Bazeille ! !

Ville sanglante de l'histoire,

Ville outragée,

Ville brûlée,

Dresse-toi, comme un héros fantôme, pour demander :

Vengeance !

Paris, le 1er juillet 1879.

LES ENFANTS EN ALSACE

A ma fille Caroline et à mon fils Adrien

— Do, do, do, l'enfant do, l'enfant dormira tantôt.
      Allons, dors, Mimi, dors.
   Pourtant, j'ai du chagrin aujourd'hui.
       Si c'était vrai !
  Elle qui est si bonne, si douce.
  Ma Mimi-Nounou serait prussienne !
    Elle viendrait d'Allemagne !
    Non ; je n'en veux plus...

— Do, do, do, l'enfant do, attrapée Sosotte.

— Ah ! c'est toi, Alfred.

— Oui Sosotte, c'est moi, je viens jouer à la poupée.

— Pas avec Mimi-Nounou.

— Pourquoi ça ?

— Oh ! je ne t'ai donc pas raconté l'histoire ?

— Tu ne m'as rien raconté.

— Je ne t'ai pas dit que...

— Non, tu ne m'as pas dit que...

— Ma Mimi-Nounou...

— Ta Mimi-Nounou...

— Était...

— Était...

— Oh! je ne puis pas te dire.

— Va toujours, Sosotte

— Non !

— Tu pleures, Sosotte... pauvre Sosotte !... C'est pour de rire.

— Pour de rire... pour de bon... j'ai du chagrin.

— Eh bien ! conte-moi ça. Tu sais, je t'aime bien, moi.

— Oui, je t'aime aussi... mais ça me coûte de te le dire... Tu connais Mimi-Nounou, ma grande poupée.

— Ta bergère

— Oui, ma bergère, Mimi-Nounou, enfin.

— Ah ! oui celle qui a des yeux bleus.

— Puisque je te le dis.

— Eh bien ! Mimi-Nounou ?

— Mimi-Nounou, serait...

— Ah ! je sais... cassée. Mais ne pleure pas ainsi, Sosotte, je te l'arrangerai.

— Elle n'est pas cassée.

— Elle est perdue, alors.

— Non, pas perdue.

— Morte, je parie.

— Non, pas morte.

— O ben alors, quoi qu'elle est?

— Elle est...

— Dis-le donc une fois.

— Eh bien... Elle est prussienne !

— Prussienne ! elle est prussienne, ta poupée !... Mimi-Nounou est prussienne ! eh bien ! t'a raison, je ne jouerai plus avec.

— Tu vois, quand je te le disais que j'avais du chagrin.

— Oui, mais tu n'as pas besoin de te désoler... t'en achèteras une autre.

— Une autre ! mais c'est que je l'aime celle-là, j'aime Mimi-Nounou.

— Si c'est une prussienne, elle n'a pas de cœur... papa l'a dit.

— Ma fille n'a pas de cœur?

— Non, elle n'a pas de cœur; tu sais bien qu'ils ont tué mon grand frère Adolphe.

— Je le sais.

— Aussi, ton cousin Louis.

— Je le sais.

— Et puis ton oncle César.

— Aussi.

— Tu vois donc qu'ils n'ont pas de cœur.

— Pourtant, Mimi-Nounou est si douce...

— Ça ne fait rien, je te dis.

— Elle est si bonne...

— Elle n'a pas de cœur; les Prussiens n'ont pas de cœur.

— Tu crois que Mimi-Nounou n'aurait pas de cœur?

— J'en suis sûr, moi

Où vas-tu Sosotte ?

— Laisse ; je viens.

— T'as un couteau. Pourquoi faire le couteau ? Mais ne pleure donc pas ainsi, tu vas me faire pleurer aussi, na !

— J'aime bien Mimi-Nounou, eh bien ! il faut que je voie si elle n'a pas de cœur.

— Quoi ! tu vas couper ta poupée ?

— Oui, je vais lui chercher son cœur.

— Son cœur !!

— Oui, mais promets-moi que, si elle a un cœur, tu joueras avec elle.

— Je te le promets, Sosotte.

— Dis-donc, Alfred ?

— Quoi, Sosotte ?

— Où que ça se trouve le cœur, dans une poupée ?

— Dans une poupée?

— Oui, dans une poupée.

— Le cœur, ma foi le cœur...

— Eh bien! où ça se trouve?

— C'est que je ne le sais pas.

— Pourtant, il doit être en dedans.

— Oh! oui, il est en dedans du corsage

— Eh bien, défais-le lui.

— Ma pauvre Mimi-Nounou, te voilà en chemise.

— Ouvre-la-lui... bien, coupe-la pour moi, car je tremble, tu sais... je l'aime toujours.

— Tiens, la voilà.

— Donne-la, que je cherche son cœur... mais c'est de la sciure de bois!

— Ah! quand je te l'avais dit.

— Oui, mais au fond, au fond, nous le trouverons, son cœur.

— Tiens, je sens quelque chose de dur. Tire-le pour moi, Alfred.

— Une roche!!

— Pas possible.

— Oui, le voilà son cœur.

— Son cœur, une roche !

— Mais c'est ce que papa disait : « ils n'ont pas de cœur, ou ils l'ont comme une roche. »

— Ah ! Mimi-Nounou, Mimi-Nounou, je t'aimais pourtant bien !... ma belle Mimi ! mais puisque tu es une prussienne... mais puisque tu as le cœur dur... je ne te veux plus maintenant.

— Laisse-moi t'embrasser Sosotte... tu vois, tu me fais pleurer.

— Tu l'enterreras pour moi, n'est-ce pas, Alfred ?

— Et si ta maman demande la poupée ?

— Je lui dirai qu'elle avait le cœur dur ; que c'était une prussienne.

— Adieu, Sosotte.

— Adieu, Alfred... N'oublie pas de l'embrasser pour moi, quand tu l'enterreras.

— Pour toi, et pour moi, je te le promets.

— Tu mettras une croix au-dessus de sa fosse.

— Oui, une croix en bois.

— Et... une fleur.

— Oui, une fleur.

— Merci, Alfred.

— Ne pleure plus Sosotte.

Paris, le 4 juillet 1879.

SON ALTESSE BISMARCK

Qui n'a contemplé cette tête dure et astucieuse,
Ce front élevé et bombé,
Ce regard pénétrant et froid
Du grand chancelier de l'empire allemand.
Cette tête est caractéristique.
On y lit l'énergie et l'ambition ;
La haine et la violence.
L'arcade sourcilière est proéminente,
Les sourcils épais,
Les traits accentués.
Quel homme à calcul !
Quel cerveau à pièges !
C'est la finesse et la rouerie ;
La duperie et la férocité.
Rien ne peut arrêter cette volonté de fer,

Rien!. . . . . . que Dieu seul.

Il y a quelque chose de fauve et de farouche, dans
ces yeux brillants.

Du diplomate, il n'y a rien ;

Car la diplomatie de Bismarck, c'est la force.....
c'est la violence primant le droit :

C'est inscrit,

C'est incrusté en lettres indébiles sur ses traits.

Cet homme, a du renard et de l'ours dans la cons-
titution.

Cauteleux, pénétrant, tranchant, malicieux, voilà le
fond du caractère.

Il est d'un autre âge ;

Il s'est oublié en route.

93 n'a jamais existé pour lui.

On est au moyen âge.

On peut bombarder et pétroler une ville comme
Strasbourg,

Incendier sans remords, les trésors d'une bibliothèque, où les chefs-d'œuvre anciens sont enfouis.

C'est Tamerlan remis à neuf,

Émondé frais,

Dégrossi, rajusté, rapiécé,

Passé au laminoir ;

Et se trouvant, en plein XIXe siècle,

Étourdi de voir la civilisation nouvelle.

Dans cette vaste poitrine, il n'y a pas de cœur, il n'y a pas de sensations autres que celles de la haine et de l'ambition.

Soucieux et inquiet... cet homme ne croit à rien... pas même à sa parole.

Esprit cultivé... tout en étant sauvage, il y a une rudesse, un cassant dans sa prose, qui défient toute entente.

> Il faut céder et se rendre,
> Se courber et se taire.

C'est cinq milliards, et pas un sou de moins.

C'est l'Alsace et la Lorraine, et pas un pouce de terrain manquant.

Quel fléau mon Dieu ! qu'une pareille créature.

Cette organisation est complexe ; elle a dû beaucoup souffrir, pour avoir tant de fiel.

Machiavéliques sont ses combinaisons ; et toujours la réussite n'est venue que par l'audace qu'elles ont déployée.

Bismarck n'est ni un Richelieu, ni un Mazarin ; mais c'est quelque chose de pire, car de prime-abord on n'y prend pas garde ; on n'y croit pas.

Ce n'est rien... et c'est beaucoup.

Car il est persévérant... il a le tact et la prudence.

3.

La passion bouillonne en lui, et son visage est calme et serein.

C'est un comédien consommé.

Le hasard a joué un grand rôle dans sa vie, et s'il croit à la destinée, c'est qu'il sait qu'il a, en quelque sorte, pétri la sienne lui-même.

Pour lui, Dieu n'est qu'une force.

L'âme... une fiction.

La guerre... une réalité.

Avec de Moltke et Guillaume, vous avez la trinité allemande.

Bismarck est un profond penseur,

Mais un penseur..... arriéré.

Il connaît le faible qu'a l'humanité pour l'or, et il prodigue ce métal.

Il sait par cœur sa géographie.

Il a les clefs de toutes les capitales dans sa poche, et... peut ouvrir impunément leurs portes.

Son grimoire est de savoir par où pèche chaque gouvernement.

Et il peut s'écrier : De moi dépend l'annexion de tel peuple, et la tranquillité de l'Europe.

Car il en a déjà tant annexés, ce collectionneur nouveau !

Il en a tant fait, qu'on en a peur maintenant.

La Russie est sur ses gardes;

L'Angleterre tremble;

L'Autriche arme;

L'Italie se défie;

Le Danemarck proteste;

La Hollande et la Belgique regardent comme sœur Anne, au sommet des vagues, si elles ne voient rien venir.

Et la France en deuil balbutie : « Alsace et Lorraine. »

Ah ! Bismarck, tu dois être satisfait.

De comte, tu es devenu prince, chancelier de l'Empire,

Vice-empereur,

Commandeur de tous les ordres.

Et pourtant!... Quoi donc?... il y a toujours un nuage sur ton front,

Un nuage, qui le voile comme d'un crêpe.

L'avenir, n'est-ce pas?

Ah! si tu étais certain de vivre encore cinquante ans.

Mais non... l'avenir est à Dieu seul.

Et comme il y a une maxime terrible qui dit :

« Semez et vous récolterez »

Tu récolteras, Bismarck, la haine,

Cette même haine que tu avais en ton cœur, et que tu as semée sur une partie de l'Europe; et cette haine..... c'est le fantôme de tes nuits; le vautour qui te déchire sans relâche.

Cette haine..... tu le sais..... c'est la revanche.

Et tu trembles, en pensant.... à ses conséquences.

Ah! qu'as-tu fait de la Prusse?

Le jour que la Trinité allemande s'évanouira..... que le grand Empire sera livré à de nouveaux maîtres.

Il faudra rendre à César, ce qui appartient à César... et à Dieu, ce qui appartient à Dieu.

Bismarck!... ce jour-là ne tardera pas.

Bismarck!... le voilà déjà qui luit.

Paris, 14 janvier 1880.

LE FRANC-TIREUR

———

A mon ami M. Charles de Closmadeuc

C'est triste! mais c'est l'histoire.
N'arrachez pas la page ;
Si vous ne voulez pas la lire,
    Tournez-la.
. . . .
. . . .
Il faisait nuit, nuit noire.
Pas une étoile au ciel.
Pas une lumière nulle part.
Le hameau endormi ne donnait pas signe de vie.
Tout à coup retentit : qui vive!!
Un soupir répondit... mais si faible... qu'on eût
dit la plainte d'un moribond.

La sentinelle, l'arme en joue, écoutait.

Qui vive! cria-t-elle de nouveau.

Cette fois rien ne répondit, mais il lui sembla pourtant, distinguer une ombre ; saisir comme le frôlement d'une bête qui rampe.

La nuit était si noire, le temps si froid qu'elle resta en place et attendit.

Les minutes s'écoulent... plus rien.

Tout à coup, un homme se dressa sur ses mains, et frappa discrètement à une porte — deux fois — trois fois — on ne lui répondit pas.

Il allait perdre courage, quand une fenêtre s'entr'ouvrit :

— Qui êtes-vous ? lui demanda-t-on.

— Un franc-tireur blessé, qui a besoin de secours.

— Un franc-tireur !!... Vous êtes un franc-tireur... et la fenêtre se referma subitement.

Le malheureux se traîna plus loin ; il frappa de nouveau ; un grognement se fit entendre ; puis, la porte s'ouvrit.

— Qui est là ?

— Un blessé.

— Un franc-tireur, je parie?

— Oui, un franc-tireur — Et la porte se referma encore.

Harassé, mourant de faim et de froid, toujours se traînant sur les genoux, le soldat s'éloigna ; il avisa une grange.

Le maître du logis veillait, à ce qu'il paraît ; car au premier coup, la porte s'ouvrit.

— Que me veux-tu ?

— Je suis blessé, mourant ; de grâce recueillez-moi.

— Qui es-tu, d'abord ?

— Je suis un Français comme vous.

— Un franc-tireur, n'est-ce pas ? Passe ton chemin.

— Oh ! de grâce, ne me laissez pas crever sur la route ; donnez-moi, au moins, de quoi boire et manger.

— Et les Prussiens !

— Les Prussiens sont loin d'ici.

— Non, va-t'en, je ne tiens pas encore à payer l'amende, ils m'ont déjà pris ma vache et mon veau.

— Alors, achevez-moi, par pitié, Monsieur !

— Allez, allez plus loin, traînez-vous encore ; il y a un autre village à deux heures d'ici.

— Tonnerre ! ! Tonnerre ! ! Tonnerre ! ! et ce sont des Français, qui me laissent ainsi mourir sur la grande route... Oh ! laissez-moi pleurer, car je sens que j'étouffe.

Ah ! les lâches, les lâches !..... un blessé qui supplie !

Les Prusssiens!..... mais ils sont plus Français que ces Français d'ici.

Me rendre..... non..... je ne puis pas..... c'est mourir..... ou sauver ce que l'on m'a confié.

Voyons, frappons encore, allons, courage, espoir.

— Qui est là?

— Ouvrez !

— Répondez tout d'abord.

— Je suis un Français, un blessé qui a faim.

— Un franc-tireur ?

— Non !!

— Eh bien, entrez ! où êtes-vous ?

— Ici, Madame, à terre ; j'ai une jambe brisée, je ne puis me lever.

— Tenez, voilà du pain, voilà de l'eau-de-vie; mangez, buvez, et puis, continuez votre route.

— Oh ! madame !... Oh ! madame !..... Madame, pitié ! !

— Vous êtes un franc-tireur ?

— Eh bien, quoi ! les francs-tireurs ne sont donc pas français ?

— Si, mais les Prussiens !

— Quoi, les Prussiens ?

— S'ils vous savaient ici, s'ils se doutaient seulement que je vous ai reçu, nous serions à l'amende,

nous serions punis..... Tenez, j'entends du bruit, c'est
mon mari qui vient... Partez, partez, vous dis-je, il
me battrait sûrement.

— Je pars, je pars Madame, néanmoins merci,
merci de votre charité.

Ah ! malédiction ! je ne mourrai donc pas ! Qu'ils
sont heureux ceux-là, qui tombent frappés au
cœur !

Oh ! ça fait plus de mal d'être repoussé ainsi, que
de sentir l'acier vous déchirer la chair.

Je suis donc un bandit, un forçat, un lépreux,
pour que l'on me méprise, pour que l'on me rejette.

Ah ! je sens mes forces diminuer, s'épuiser ; mourons une bonne fois, et que cela finisse... Pourtant,
et ce que j'ai là où le mettre, qu'en faire ? Le re-
mettre aux Prussiens..... jamais ! Oh ! qu'ils viennent, je me dresserai encore sur les mains, à genoux ;
et quand mon revolver aura fini sa tâche, j'essaierai
de les mordre..... de le défendre encore. Voyons !
plus qu'une masure ; allons-y ; ce sera tout. Il ne nous
restera plus, qu'à crever sur la route.

Frappons. Personne ne vient.

Frappons, frappons toujours... Hé ! hé ! Y a-t-il
quelqu'un ? Enfin, on vient, on ouvre.

— Un franc-tireur !

— Oui, un franc-tireur blessé, agonisant, qui se traîne ainsi, depuis plus de trois heures.

— Et que voulez-vous ?

— Du secours... un gîte.

— Un gîte !! grand Dieu... un gîte ! ! !... mais les Prussiens !

— Les Prussiens eux-mêmes, auraient pitié de moi.

— Oh ! laisse-le rentrer, Pierre ; laisse-le s'asseoir. Vois donc, sa jambe saigne ; sa tunique est en pièces.

— F...-le camp au diable, et ne te mêle de rien.

— Oh ! Pierre ! Pierre ! je t'en prie, il va mourir, sauve-le.

— Et les Prussiens ?

— Nous le cacherons.

Pour que l'on me fusille ! Non, non, tenez, voilà, à deux pas d'ici, une ferme abandonnée ; allez-y, vous trouverez du secours.

— Oh ! par pitié, Pierre, laisse-moi le panser ?

— Le panser ! ! !

Pour que les Prussiens nous mettent à l'amende. Non, encore une fois, laisse-le, et ferme la porte.

— C'est la mort, cette fois, traînons-nous loin d'ici.

Ah ! je suis dans les champs, quel bonheur ! je pourrai enterrer, sans témoins, mon trésor.

Et, de ses doigts débiles, il grattait, enlevait la terre et les roches; le sable et la poussière.

Ses ongles saignaient; qu'importe!! il fouillait, il fouillait... il épuisait ses forces à agrandir le trou.

Enfin, il tressaille d'aise; il s'assied; il écoute.

De sa tunique ouverte, il tire un lambeau bleu... puis un blanc... puis un rouge, tout troués de mitrailles, tout noircis de poudre; il les presse sur son sein; il sanglotte, il étouffe, les baise une dernière fois, les range côte-à-côte; puis, poignée par poignée, il les recouvre de terre, il nivelle le sol; il s'en éloigne; il prie.

Mais c'en est trop, cette fois, il se sent défaillir.

. . . . ; . . . .

. . . .

Un bruit de pas s'entend, angmente... augmente encore; des lumières brillent soudain; l'acier résonne, sinistre.

Le franc-tireur se met à genoux, et écoute.

Les Prussiens, dit-il, — que je vende chèrement ma vie; et, de sa ceinture, il prend son revolver.

Les pas se rapprochent... un groupe de soldats guidés par un homme, s'arrête en face de lui.

— Le voilà, dit-il.

— Oui, me voilà, Pierre, mais toi, tu n'es qu'un

lâche..... un traître..... un Judas et voilà pour ta peine.

Une détonation retentit aussitôt; le paysan tomba sur le sol, sans mot dire.

— Feu ! riposta l'officier prussien.

Et percé de dix balles, le franc-tireur, râlant, cherchait à distinguer la fosse du drapeau.

Qu'importe !..... il peut mourir.

Qu'importe !..... il l'a sauvé.

Paris, le 28 juin 1879.

BOMBARDEMENT DE STRASBOURG

Au citoyen
Jules Claretie, *le sympathique écrivain*

Le ciel est bleu.

L'air est tiède.

Voulez-vous me suivre?

Nous allons assister, du haut de la cathédrale de Strasbourg, à un coup d'œil féerique.

A un coucher de soleil.

. . . .

. . . .

Au loin, à des distances que l'œil ne peut sonder, une fournaise d'or cuivré, poussiéreuse, azurée, jette des fumées blanchâtres qui se condensent dans l'air.

Les teintes sont d'un pourpre sale, allant jusqu'au

gris-noir; mais, au-dessus des fonds, que cent arrêtes déchirent, l'acier se mêle avec le cuivre, l'or et le cristal, pour bondir en longues gerbes qui fascinent le regard.

Des milliers de rayons, d'un rouge de fer fondu, produisent une teinte cerise qui éclaire tout le ciel.

Les tons et les ombres se tamisent, s'entre-croisent, combinant, des couleurs inconnues au pinceau.

Tout est lumière ardente,

Feu, étincellement.

D'immenses et larges miroirs s'encadrent dans des nuages.

Et, là où le diamant forme des sillons perlés, des crevasses et des trous engouffrent des traînées d'or.

O splendide nature !

O beautés éternelles !

Voyez !!

Là, tout d'un bloc, une pyramide de feu, sent une flamme inconnue brûler son sein brillant, et, comme sous une baguette qui a touché ce mont, une fantasmagorie apparaît à l'instant.

La pyramide n'est plus qu'une bête monstrueuse, dont la gueule entr'ouverte vomit des globes jaunâtres.

Elle-même se disloque, et de son corps géant, un nuage étoilé se fait une longue écharpe.

O Dieu ! que de prodiges,
Quelle vue resplendissante !
Des lueurs ont jeté un rideau de teintes pâles ;
L'or a pris un voile fin ;
L'azur, un crêpe plus noir.

Partout, courent des traînées d'un vert glauque emeraude, disjoignant par endroits, le cadre qui s'amincit de cette immensité, que l'on appelle l'éther.

La nuit vient, mais brillante dans toute sa splendeur.

Un dernier reflet de ce soleil qui part, perce, de ses flèches aiguës, tout ce monde de nuages. La cathédrale elle-même, reluit une dernière fois, mêlant sa teinte brunâtre au blond manteau de feu, et, comme part un volcan, un sillon argenté s'élargit dans les airs et montre cent mille étoiles.

Tout se calme ; tout se fond ; tout change encore d'aspect.

, La nuit assombrit tout ;
L'éclat devient moins vif.
L'or, la pourpre, le feu, disparaissent peu à peu.
L'azur renaît plus pur ;
Les nuages plus nombreux.

Enfin, un point reluit dans l'espace, c'est la lune qui se lève pour éclairer la nuit.

Oh ! c'est maintenant qu'il faut tourner les yeux.

Des flancs massifs et larges de ce géant de pierre, s'embrasent de longs sillons aux reflets les plus vifs.

Comme d'immenses serpents, leurs anneaux se déroulent, et, sur le haut des tours, les bas-fonds, les prairies, on voit luire des clartés qui éblouissent la vue.

La cathédrale entière me semble une masse transparente.

L'auréole bleuie tournoie en feux follets ; jusqu'aux murs de granit, qui paraissent vitrifiés, et de ces bouches muettes, de ces saints de pierre, sort comme une longue prière, au maître de ces chefs-d'œuvre.

Mais qu'est-ce donc qui déchire ainsi la nue épaisse d'une traînée rougeâtre, comme un éclair de feu ?

Ah ciel ! c'est un obus.

Des hauteurs d'Hausbergen, l'artillerie prussienne vomit boulets, mitraille, sur cette cité tranquille.

Là, c'est une maison qui s'affaisse sourdement ;

Plus loin, un édifice, dont le toit embrasé pétille d'étincelles, comme une gerbe d'artifice.

Les poutres se disjoignent ;

La pierre vole en éclats.

Des rues entières flamboient, comme d'immenses bols de punch.

Le ciel est redevenu azur.

La cathédrale géante, imposante et fière attend.

Mais, la bombe qui roule dans l'air embrasé, ne respecte rien : elle vomit la mort; elle allume l'incendie.

Déjà le musée est en ruines.

Les bâtiments de la citadelle et de l'arsenal, sont détruits.

Le moulin est rasé.

La bibliothèque... ce monceau de ruines où brûle et fume encore tout un monde d'écrits, est à jamais perdue.

Chefs-d'œuvre, art, histoire, ils ne respectent rien.

Prussiens et Badois tirent, tirent sans relâche, et à chaque incendie, qui jette sa langue de feu, ils trépignent de joie, poussant de longs hourras.

Ah vandales! ah sauvages!

Omar est dépassé ;

Werder sur ses lauriers pourra dormir tranquille.

Et, pendant qu'aux pompes chaque citoyen court, les artilleurs féroces, pointent la masse grouillante, où la bombe incendiaire éclate et brise tout.

La rue de la Nuée-Bleue, n'a plus une seule maison.

Celle du Dôme est fumante ;

D'autres brûlent et flambent encore.

Ah ! pauvre Strasbourg !

Pauvre cité alsacienne !

Quelle rage cynique, s'abat ainsi sur toi ?

Chaque boulet t'emporte un citoyen aimé, ou un chef-d'œuvre ancien.

Et tu crois à ce chant allemand si populaire ?

A cette chanson de : « *Strasbourg, fille de l'Allemagne.* »

« O Strasbourg, ô Strasbourg, ô cité admirablement
» belle, où sont enfermés tant de soldats, où sont
» emprisonnés aussi — vous l'oubliez — depuis plus
» de cent ans, ma gloire et mon orgueil.

» Depuis plus de cent ans, fille de mon cœur, tu te
» consumes dans les bras du larron Welche, mais ta
» douleur cessera bientôt.

» O Strasbourg, ô Strasbourg, la ville de mon cœur,
» éveille-toi de tes rêves sombres, ô Strasbourg, tu
» vas être sauvée ! .. »

Qu'aurais-tu donc fait de plus à la vaillante cité, si elle n'avait pas été la ville de ton cœur ?

A d'autres !

Eh quoi ! tu n'as respecté, ni la cathédrale ni le musée, pas même la bibliothèque !

Ah ! cela crie vengeance !

Cette bibliothèque, qui contenait huit mille manuscrits.

Cette flèche superbe de la vielle église, tu as bombardé cela ?

    Toi, la docte Allemagne,

    Toi, la pieuse et libérale contrée

    Ah ! vengeance, vengeance !

    Cette cathédrale gothique,

Ce chef-d'œuvre d'Erwen de Steinbach, tu le prenais comme point de mire...

    Mais taisons-nous ;

Car de notre côté nous rendions le mal pour le mal.

    Devant les forfaits de Werder,

    Nous incendiions à notre tour Kehl ;

    Nous nous vengions.

    Mais c'est un rêve, n'est-ce pas ?

Ce feu, ces rayons, ces flammes, c'étaient notre coucher de soleil sans doute ?

    Strasbourg est toujours française.

La cathédrale et la bibliothèque sont toujours debout ?

Le drapeau tricolore flotte au haut des forts,

    Eh quoi !... non.

    Cauchemar affreux !

    Douloureux réveil ;

Ce serait l'aigle noir, qui déploïerait ses ailes sur la
ville alsacienne,

  L'aigle à deux têtes !!
  Oh ! pitié, mon Dieu....
  Rendez-nous Strasbourg !

      Paris. 15 janvier 1880.

LA VIEILLE GRAND'MÈRE

A mon ami M. Clovis Joly.

— Vieille mère, reste, ne pars pas, tu as quatre-vingts ans.

Que veux-tu, dis-moi, que les Prussiens te fassent?

— Rien, mon fils, rien à moi, car malgré mon grand âge, je leur f..... leur compte, s'ils me touchaient jamais.

Mais j'ai ma petite fille, une enfant de quinze ans, et tu sais les bougres, ils ne respectent rien.

— Je suis là.

— C'est vrai, mais toi tué... il ne reste plus que moi.

— Ils auront peur.

— Va donc !... La haine est brave, quand il n'y a que des femmes.

— Comment faire ? L'ennemi a cerné le village.

— Restons! ô restons! laissons-les venir... mais toute vieille que je suis... je tomberai la première... il y a du sang gaulois dans ce vieux corps usé... le sang de 93. Et, le premier prussien qui touchera à Denise, je lui f..... ce couteau dans le cœur... s'il en a un.

Mère, de grâce... calme-toi.

Me calmer !!

Jamais ! ils m'ont déjà pris tes deux frères, c'est assez.

Mourir pour mourir... il faut que j'en crève un.

Ils tuent la France... les scélérats... qu'ils me tuent, je ne suis plus bonne à rien ; mais que je sente mon bras enfoncer ce couteau dans une poitrine prussienne. Bonheur !!! Dire la vieille a servi à quelque chose de bon.

Quatre-vingts ans ont tué un demi-siècle de vie.

Oh! qu'ils ne me touchent pas ma Denise, mon bien, ou je crève les boyaux au roi de Prusse, lui-même.

— Tais-toi, mère, tais-toi.

— Me taire !! jamais enfant.

Oh ! si Napoléon, le grand Napoléon était là.

Tu ne l'as pas connu, toi.

C'était un fier luron!

Mais c'était un homme.

Ça avait au ventre, ce que l'autre n'a pas eu... du courage!!

Il ne tremblait jamais ;

Il puait la victoire, et la gloire à cent lieues.

Quand ça avait fini avec un royaume, un peuple, ça se disait: « Allons, au tour de l'autre maintenant. »

Italie, Espagne, Autriche, Prusse, Égypte, avaient baisé le c... de ce Corse audacieux.

L'Angleterre elle-même, ce grand brouillard foireux.

Avait dit : *very well*,

Avait eu peur... là gueuse !

Waterloo est venu... au retour de Moscou.

On ne peut pas vaincre Dieu ; et Dieu était jaloux... du petit caporal qui avait dit au pape: « allez vous faire f..... au diable!!

« Je ne connais que le Dieu des armées ;

« Que mes vieux grenadiers ;

« Que la victoire... que moi. »

— Mère, les Prussiens!!!

— Allons, donne-moi mon couteau, que je veille la petiote.

On peut crever à quatre-vingts ans, quand on en aura f..... un ou deux à terre.

— Mère, mère, je t'en supplie!

— Tonnerre! donne-le moi... Est-ce que tu as peur, gredin?... les Prussiens... mais c'est rien.

L'Empereur les vidait comme on vide un poulet.

A un contre dix, il leur f....... la foire.

Allons, que je me lève; soutiens-moi et du cœur. nom d'un chien.

— On frappe!!!

— Eh bien! qu'ils rentrent... qu'est-ce qui est là?

— Ouvrez!

— Qu'est-ce qui est là?

— Ouvrez ou je défonce la porte.

Ouvre-leur... les cochons, ça ne connait pas l'usage.

— Que voulez-vous?

— D'abord la vieille...

— La vieille!!... Est-ce que tu vas me tutoyer, monsieur le jean-f.....?

— Pardon, on vient voir s'il n'y a pas d'ennemis cachés dans la maison.

— Il n'y a que moi, mon fils et ma petite fille... l'ennemi c'est vous autres.

— O taisez-vous ma mère!

— Que je me taise! quand vingt-cinq margoulins que la peur brûle au c..., viennent me f...... en désordre la chambre et le grenier.

Mère!! mère!! ils sont les maîtres.

— Et je suis la maîtresse ici entendez-vous !

Et, tant que je vivrai ; ils ne m'en imposeront pas.

— Oui, mais sois calme... tais-toi... ne leur dis pas un mot.

— Ah ! tu as de la chance, mon fils, que tu sois avec moi ; car lorsqu'ils ont jeté le portrait de l'Empereur... je leur f.. .... une danse qu'ils en auraient pleuré !

— Ah ! mère, pitié !

— Pitié ! c'est toi qui fais pitié ! Pour tes quatre gros sous... tu trembles... plus qu'un enfant. Je me f.... de ton champ... de ta vache... de ton veau... quand on égorge la France... Moi je veux la défendre.

— Tu as quatre-vingts ans !

— En aurais-je cent... je ne veux pas qu'on croie, que j'ai peur des Prussiens.

— L'invasion...

— Tais-toi, j'en ai vu bien d'autres. Si l'Empereur était là, Guillaume, Bismarck, de Moltke lui baiseraient les bottes !!

Ah malheur tant d'hommes... et pas un français ! Oh ! laisse-moi mourir ; on ne meurt qu'une fois, et je veux me faire tuer.

— Pitié pour Denise ! Pitié ! mère pitié !

— Oui, tu as raison.

Pour Denise..., je me ferai lâche ; mais qu'ils ne la touchent pas, ou sacrédieu, tonnerre je leur f.... leur affaire.

— On frappe !

— Encore ces gredins là ?

— Ouvre.

— Ouvre toi-même... je ne veux pas les voir.

— Où est le maître du logis ?

— Le maître c'est moi.

— Vous avez un fils, pourtant ?

— Oui, mais le maître, c'est moi !

— Toi, la vieille ?

— Moi-même qui vous parle.

— Vous avez aussi une fille ?

— Une petite fille, c'est vrai.

— Où est-elle ?

— Que vous importe ?

— Pourquoi n'as-tu pas payé la réquisition de guerre ?

— Pourquoi ? Mais parce que Guillaume lui-même, n'aurait pas pu payer.

— Insolente !!

— Tais-toi, valet de bourreau...

Là où il n'y a rien, le roi perd ses droits.

— Eh bien ! c'est ce que nous allons voir.

Entrez, vous autres, entrez.

— O vous pouvez entrer.

— Cherchez où la vieille a fourré ses épargnes.

— La vieille !! sacré pillard... la vieille n'a que de la haine... qu'elle a serrée pour vous autres... tenez, là, regardez, au cœur !

— Elle nous insulte, je crois ?

— C'est moi que l'on insulte en fouillant ici, jusque dans mes matelas.

— Tais toi la gueuse !!

— La gueuse,... sacré tas de foireux, qui se sauvaient partout, au temps du grand Empereur.

— F......-lui son compte !

— Mon compte !!... tu es trop lâche pour ça... avance donc, toi qui parles... me voilà !

Ah, tu m'as souffletée, blanc-bec, salope, prussien ! tiens avale-le, gredin, avale-le jusqu'au manche !

— Feu ! cria l'officier en s'affaissant lourdement, et la vieille et le fils furent frappés eu même temps.

Denise prit le couteau, encore rouge de sang, des mains de sa grand-mère, et se frappa au cœur, en criant. Vive la France !!!

Paris, le 1er juillet 1879.

ANGLETERRE

Au citoyen Henri Brisson

> Il faut étudier les peuples, pour
> devenir citoyen.

Angleterre, nation perfide;
   Nation froide;
   Nation de brouillards.
   Sans cœur, sans âme ;
   Beaucoup de bank-notes;
   Beaucoup de charbon de terre.
Là où l'on boit la bière ; là où il n'y a pas de soleil,
il y a l'atrophie.

L'Anglais fera l'aumône à son frère, là, où il de-
vrait le défendre,

Quand Sébastopol se dresse devant lui, Inkermann,

Silistri, Blakava, Malakoff ; il ouvre son porte-monnaie, et offre de l'argent.

Paris se meurt, on fait des quêtes.

La France donnait ses enfants bêtement,

L'Angleterre donne... ses bank-notes.

Le drapeau tricolore flottait à côté des croisures bleues.

Les croisures bleues se cachent, devant l'aigle prussien.

Nation funeste.

Nation sale.

Fumée et brouillard,

Mensonge et béatitude.

Calotins mariés et morgue apathique.

Waterloo et Sainte-Hélène.

O Napoléon Ier !

Au lieu de Moscou, que n'as-tu eu l'incendie de Londres !!

L'Anglais, ah! si tu savais ce que c'est qu'un Anglais.

Connais-tu l'égoïsme ?

Connais-tu ce mot, Moi ?

Ce mot, le plus lâche des mots :

Non... N'est-ce pas ?...

Ma France qui as cœur et âme !

Eh bien ! ce mot brutal,

Ce mot barbare,

C'est le mot anglais.

Moi : ô périsse l'Europe entière !

Et, idiote jusqu'au bout, tu as été faire éventrer tes enfants, pour lui assurer la domination des mers.

Toi, Napoléon, toi qui aurais dû frémir, en pensant à Waterloo, à Sainte-Hélène.

Toi, l'aigle de Corse, tu as été te traîner aux pieds du lion anglais.

Et l'île d'Elbe !

Et Cambronne !

Et l'invasion !

Oh ! arrière, arrière... perfide et sale nation !

Tu as pris l'aïeul et l'enfant,

Tu as laissé exterminer le neveu.

Tes tuniques rouges ont laissé achever le dernier des Napoléons.

Toujours le bien qu'on t'aura fait, aura été mortel.

Les quatre Napoléons auront été tes victimes.

Par diplomatie, ou par rouerie, tu te tires toujours d'affaire.

On assassine l'Indien,

On incendie, on mitraille le peuple que l'on conquiert;

Et l'on se fait toujours passer pour la victime inoffensive !

Ah ! qu'attendre d'un peuple qui a fait brûler Jeanne-d'Arc !

Jeanne d'Arc ! une femme ! le cœur, l'âme de la France !

Qu'attendre, d'un peuple qui n'a ni cœur ni âme.

France ! ô ma France, tu peux être vaincue, tu peux être trahie ;

Mais tu ne seras jamais lâche !

Tu auras toujours 93.

— 93 !!!

Le soleil de la revendication, de tout ce qui est grand et noble.

La revendication de l'homme contre la brute, de la vérité contre le mensonge.

C'est l'Europe agenouillée, se relevant et demandant justice.

O France ! France ! France !

Dieu t'a choisie, pour être la nation vengeresse,

La nation sainte,

La grande nation.

On t'abattra, mais on ne te réduira pas.

L'Anglais, le Prussien et le Russe, viendront se brûler à ton génie.

Ils te vaincront, mais ils auront peur ;

Ils auront peur de ta lumière.

Liberté, Égalité, Fraternité,

O phares, qui foudroyez les tyrans,

Brillez, brillez de votre feu divin.

Ils prendront l'Alsace, ils prendront la Lorraine ; mais la France sera toujours la France... le refuge des opprimés ; ils ne la tueront pas.

O dresse-toi ! comme un mur immense, terre bénie, terre sacrée !

Tends toujours tes bras à la veuve et à l'orphelin.

Reste cette magnanime contrée, qui vainquit l'Europe entière.

Mais quand l'Anglais égoïste, viendra de nouveau, te demander tes enfants, crie lui :

» Arrière, nation ingrate,

» Arrière, perfide Albion !

» Inkermann, Malakoff, Sébastopol, n'ont pas su nous unir au jour du danger,

» Je n'ai que faire de tes aumônes ;

» Garde-les pour ceux que tu méprises,

Pour l'Indien, l'Australien ou l'Africain.

» Le drapeau tricolore veut du sang, en échange du sang qu'il a perdu.

Ton or!!! ne paierait pas les cadavres de ses enfants.

Ton or!!! serait un nouveau soufflet donné à cette France qui t'avait crue son alliée.

Paris, le 10 août 1879.

LA DÉLIVRANCE

A la Société des Gens de Lettres

> A vous dont les écrits, peuvent
> avancer l'heure de la délivrance.

Chante !-
Oh ! chante encore !
Chante toujours que j'écoute !
Ta voix est suave, plaintive, vibrante tout à la fois ;
Et l'écho qui répète, répète des notes si douces....
que la nature tressaille.
O chant d'amour !
Chant sublime !
Chant divin !

Hymne qui fait palpiter le cœur,

Cantique éternel, dont les jouissances sacrées, mettent aux paupières, des larmes d'attendrissement.

Dis-moi, qui te créa?

Est-tu d'essence céleste?

Qui le premier modula tes sons?

Es-tu né, d'un aveu ou d'un désir,

D'un regard ou d'un soupir?

O chant d'amour !

Chant qui fait vibrer les fibres de tous les cœurs,

Qui réchauffe le vieillard ;

Chant, hymne ou cantique, salut!

Oh ! quand tu chantes,

Quand j'écoute attentif, ce que dit ta douce voix ;

Quand mon cœur bat comme le tien ;

Que ma poitrine tressaille comme la tienne;

Que le soupir, qui s'échappe de tes lèvres, rencon-
tre mon soupir;

Que le feu de tes regards, croise le feu des miens;

Que je sens tout mon être s'harmoniser, se fondre
avec le tien :

Oh que je suis heureux!

Oh le doux moment!

Oh la sainte extase !

Et tu ne voudrais pas que je te dise encore :

Chante !

Oh ! chante donc !

Chante toujours ! que j'écoute,

Ta voix est suave, plaintive, vibrante tout à la fois.

Et l'écho qui répète, répète des notes si douces....
que la nature tressaille,

Le rossignol chante,

Le rossignol prie ;

Et, dans le bois touffu, où la rosée perle aux feuilles,

L'hymne au Créateur s'élève jusqu'aux nues.

Tu es mon rossignol, enfant au frais minois,

Tu es mon rossignol, toi qui chantes et qui pries,

Dans le bocage, quand il fait nuit.

Au clair de lune, le long des haies,

Il me semble t'entendre et l'écho te répondre :

Amour ! Amour ! Amour !

Rossignolet divin,

Amour ! Amour ! Amour !

Vierge, ange, chérubin,

Amour !

La fauvette, près de son nid, chante aussi,

Mais quelles étranges vibrations !

Ce n'est plus la voix tremblante,

La mélodie insouciante, timide,

C'est l'hymne sacré,

5.

L'hymne maternel.

Ce sont les accents de l'amour passionné, partagé,
divinisé.

O métamorphose sublime !

Plus de craintes !

La voix est large et sonore.

La voix est celle du triomphateur.

La voix !

O pauvre rossignolet !

La voix est celle...

Eh quoi ! tu rougis,

O mon ange !

Eh bien ! c'est la voix de la femme,

C'est la voix de la nature,

De la nature, au printemps ;

Et tu ne voudrais pas que je te dise :

Chante !

Oh ! chante encore !

Chante toujours ! que j'écoute,

Ta voix est suave, plaintive, vibrante tout à la fois.

Et l'écho qui répète, répète des notes si douces...

... que la nature tressaille.   .   .   .   .

.   .   .   .

.   .   .   .

Eh bien ! soit, je vais chanter.

Mais je ne chanterai, ni l'amour, ni le printemps ;
Je ne chanterai ni la jeunesse, ni la nature ;
Je chanterai le chant de guerre,
Le chant que l'on chantera dans vingt ans.

. . . .

. . . .

Debout ! debout !
O mes vaillants guerriers !
Debout ! debout !
A travers les hautes herbes.
La fanfare qui sonne, c'est le cri de la France,
De cette France en deuil, qui déploie l'étendard.
Debout ! debout !
L'heure enfin a sonné.
En avant, escadrons !
Faites résonner le sol,
Cuirassiers, chargez !
Vos frères sont là,
Là même où vos coursiers piétinent.
Ne voyez-vous donc pas la teinte sombre de ces
herbes ?
Chargez l'ennemi !
L'ennemi qui massacra les vaillants cuirassiers du
champ de Reischoffen.
Debout ! debout !

Le glaive a brillé.

Le tocsin sonne,

Les tambours résonnent.

Debout ! c'est la vengeance,

C'est l'envahisseur,

L'envahisseur !

Oui, c'est encore la Prusse ;

C'est le soudard allemand, pillant, brûlant nos villes :

O Français, en avant !

Cette fois, vos fils sont là, debout à vos côtés ; ils
vous demandent vengeance !

O Lorraine ! O Alsace !

Réveillez-vous, debout !

La patrie vous appelle,

Répondez ! Répondez !

Ivresse !

La terre tremble ;

Des fanfares s'entendent.

Un nuage de poussière, s'élève dans le lointain,

Le drapeau tricolore se déploie et s'agite.

O France ! tu es vainqueur !

Voici tes escadrons,

Comme autant de centaures que la poudre a
noircis,

Tes fils, le sabre au poing, crient : Alsace !

Crient : Lorraine !

Oh ! laissez-moi chanter !

Laissez-moi, laissez-moi délirer à mon aise, bénir la Providence.

Ces vainqueurs qui s'avancent, ressemblent, à s'y méprendre, à ces mêmes cuirassiers,

A ceux de Reischoffen.

Non, la France ne meurt pas,

Non, la France n'est pas morte !

Découvrez-vous, enfants ; ils s'approchent, les voici !

Pâles, émus, blessés, mais cette fois... vainqueurs !

L'ennemi s'est enfui dans les champs et les bois.

Et le sang qui ruisselle, sur leur poitrine d'acier, est le sang des Prussiens.

Hourra ! ô ma patrie !

Hourra ! ma bien-aimée !

Alsace, tu es libre !

Lorraine, tu es française !

Mêle à mes chants de fête, tes accents triomphants.

Plus de traîtres,

Plus de maîtres !

La France entière est libre !

La France, républicaine,

La France, enfin vengée !

O chants virils,

Mâles accents,

Donnez à ma voix la puissance du clairon, afin qu'elle poursuive jusqu'à la frontière....., le dernier soldat prussien ! !

Paris, le 25 septembre 1877.

LES VAUTOURS

Le *Times* disait, de ceux qui spéculaient sur les détresses de la France :

« Il n'y aura jamais de potence assez haute pour pendre ces fournisseurs. »

Les connaissez-vous, ces gredins rapaces que l'on nomme fournisseurs d'armée ?

Regardez leurs doigts crochus,
Leurs yeux fauves,
Leur front bas ;
Auscultez leur cœur ;
Parlez-leur de patrie ;
De noblesse,
De liberté ;
Ils vous regarderont d'un air cynique ;

Un sourire narquois plissera leurs lèvres, et, comme des vautours qui claquent leur bec en voyant une proie, ils se jetteront sur les fournitures, avec une rapacité féroce

Pour eux, tout est calcul,

Tout est gain,

Dût-il en coûter la vie aux malheureux qu'ils exploitent.

Ainsi, durant la guerre 1870, les pauvres moblots, mal vêtus d'étoffes qui s'effilochaient, sentaient le givre mordre leur chair.

Les boutons ne tenaient pas;

Les parements se décousaient ;

Leurs chaussures de carton, laissaient saigner leurs pieds.

Et tandis que le soldat prussien, bien équipé, bien nourri, botté, couvert, soigné, allait à la victoire, repu et titubant,

Nos pauvres moblots, nos malheureux francs-tireurs, grelottaient de fièvre et de froid ;

Une griffe de fer leur déchirait les entrailles,

La faim !

Et pendant que les paysans mettaient de côté leurs provisions pour l'ennemi, les nôtres, ces enfants de la France, tombaient exténués sur la grande route.

O justice ! que tu es lente à frapper !

Eh quoi ! on vole la patrie sanglante ;

On assassine le soldat ;

On est français de nom,

Prussien, par les actes;

Et pas une voix ne s'écrie :

Au gibet cet homme !

A mort le bourreau !

Ah ! que le sens moral est bas à cette heure.

Quel avilissement !

Quelle décadence !

Pourvu que cet or n'ait pas gardé la boue et le sang d'où il est sorti.

Qu'importe !..... on encense le coquin qui l'a ;

On se fait parasite, on se fait histrion.

Ah miséricorde !

Et quand cette grande voix de Dieu,

Cette voix de la conscience crie trop haut, on la muselle p ar un semblant de justice :

Le juge reçoit d'une main ce que l'autre a volé, et l'opinion publique est satisfaite.

Pauvre France !

Que ton cœur a dû saigner,

Quand, blêmis par le froid. la casquette sans visière, la chaussure percée, la tunique déchirée, tes enfants marchaient à l'ennemi.

Plus d'un s'arrêtaient... et, à leurs paupières hâves, de grosses larmes perlaient :

Larmes de souffrances,

Larmes de honte.

Oh ! quel calvaire !

Et ces vautours rapaces, soumissionnaient toujours les fournitures à faire.

Ils passaient des contrats,

Et toujours, et toujours, la France était volée,

Le soldat immolé.

Que de fois, sans pain et sans gîte, dans la neige épaisse il fallait bivouaquer.

La couverture (une loque de coton, effilochée, trouée, ne couvrant rien du tout) laissait la bise glacée, mordre toutes ces poitrines bleuies.

Et quand la sentinelle s'écriait :

Aux armes ! L'ennemi s'avance, les doigts crispés, débiles, de la plupart d'entr'eux ne pouvaient arriver à saisir leur fusil.

Et, après une défaite qui valait une victoire, on les parquait sanglants dans des granges, où, sans feu, ils grelottaient la fièvre, en attendant la mort.

Une botte de paille (et encore bien mince) servait
de litière, à ces héros martyrs.

Ah ! que le cœur se serre, devant tant de souffrances.

Et vous venez nous dire : Les moblots ne valent rien.

Silence ! !

Ils ont valu... plus qu'on ne devait attendre,

D'hommes mal équipés, mal nourris, mal armés ;

D'hommes faits soldats, du jour au lendemain ;

D'hommes déshabitués à aimer la patrie ;

A défendre le foyer ;

A être citoyens.

Et quand le canon Krupp les fauchait par rangées,
que sans artillerie, souvent sans munitions, ils es-
sayaient encore de charger l'ennemi,

On ne peut que crier :

Pauvre France ! ! .

Pauvre patrie ! !

Les moblots l'ont montré... à Bapeaume, à Dijon,
à Pont-Noyelles aussi, qu'ils savaient vaincre encore :

Quand ils avaient des chefs,

Et qu'ils étaient équipés.

Ah ! qu'on les juge et pende ces Judas de la
France, ces fournisseurs féroces, ces vautours aux
yeux glauques ;

Qu'on les marque au fer rouge ;

Qu'on leur fasse rendre gorge... de tout ce qu'ils
ont pris à leur patrie en deuil.

Et quand on vous dira : Nos soldats étaient lâches,
dites :

C'est que la France aussi,

La France fut lâche pour eux.

LES VAINCUES

1870

———

Ils étaient trois prussiens,
   Trois larrons en goguette.
— Tiens, dit l'un... une chaumière ;
   Si nous entrions.
— Entrer ! par la sambleu, défonçons donc la por-
te, sautons par la fenêtre, rigolons, jobardons.
— Tu as raison, cassons les vitres du logis ; en pays
conquis, on peut tout se permettre.
— Hé, hé! les autres, dites-donc, que désirez-vous?
s'écrie une voix gaillarde venant de l'intérieur.
   — A boire!
— A boire, on ne boit pas ici.
— Tiens, pour toi la g.... tiens, attrape!
— Oh, ne me brisez pas la porte et les fenêtres ; je

vais ouvrir, Messieurs, je descends... attendez. Tenez, entrez, voyez, il n'y a ni vin, ni feu, je suis veuve sans soutien, respectez mon logis.

— Louve, f...-nous à boire!

— De l'eau alors.

— De l'eau! gueuse de française, de l'eau! je vais t'en ficher.

— Ah çà! Messieurs, voyons, je suis une malheureuse; vous n'avez pas le droit de m'insulter chez moi.

— Tais-toi! fais-nous sortir tes marmots de cette chambre; on grelotte dans ta salle; et va nous prendre du vin.

— Je vous ai déjà dit que je n'en avais point.

— Tonnerre! et de la bière?

— Non plus.

— Eh, bien, va en chercher, catin... va, là bas au village.

— Et mes enfants?

— On les gardera pour toi.

— Vous me le promettez?

— Va donc g.... va donc.

Et la pauvre mère, les yeux pleins de larmes, s'en alla tout de même.

La neige tombait, drue et fine;

Le ciel était plombé.

Pas un chat dehors... rien que quelques corbeaux.

— Ah malheur, malheur ! que mon mari soit mort;
ils ne seraient pas restés longtemps dans le logis.

— Qui vive !

— C'est moi, une femme.

— Qui toi ?

— Madeleine Surinchon du hameau d'à côté.

— Et où vas-tu à cette heure?

— Chercher de la bière au village.

— De la bière ! tu te soûles donc, carogne?

— Carogne toi-même, sacré pillard.

— Tiens la gueuse, tiens pour toi, et f...-moi vite
le camp.

— O lâche ! frapper une femme !...

— Une française... bah !

— Une française qui a plus de cœur que toi.

O mon Dieu ! mon Dieu que les temps sont durs !
pillée, insultée, battue, ne vaut-il pas mieux mourir?
mais non; j'ai deux enfants, que deviendront-ils?

Le dernier téte encore... il mourrait, allons! courage, portons-leur de quoi boire.

Et le vent soufflait au visage de Madeleine des pa-
quets de neige, qui parfois l'aveuglaient.

Ses jambes flageolaient, ses dents claquaient; mais

l'image des enfants passait devant ses yeux, et elle marchait toujours, elle marchait sans savoir. Enfin elle arrive... épuisée, haletante.

— Tope! la belle, et viens sur nos genoux. Allons, verse à boire, ne fais pas la bégueule ou nous te mettons bas la robe et le jupon.

— Je vous en défie! M'enlever ma robe! Oh! ne me touchez pas, ou je vous tue tous les trois.

— Entends donc la g... qui va nous tuer tous trois... Donne-nous de la bière.

— Prenez-la sur la table.

— A ta santé, belle fille! Tiens, mais elle n'est pas mal... la marche lui a donné des couleurs et des charmes.

Veux-tu venir trinquer?

— Fichez-moi la paix, je ne trinque pas avec vous.

— Avec qui donc trinques-tu?

— Avec les français.

— A-t-on vu des louves pareilles? les Alsaciennes sont plus françaises que les parisiennes!

— Les Alsaciennes ont du cœur, voilà tout!

— Allons, ne fais pas la bête... viens t'asseoir que nous te caressions.

— Encore une fois, ne me touchez pas, ou je ne réponds de rien.

— Hein ! tu nous menaces toujours.

— Toujours.

— Eh bien! de force, nous t'aurons, tiens.

— Oh ! laissez-moi, laissez-moi... tenez, vous avez renversé le berceau... O malédiction ! mon enfant qui est à terre... le front saignant... mon enfant qu'ils écrasent... qu'ils piétinent. O ciel !... ô grâce!!... pi-pié !!!... vous me tuez mon enfant.

— M.... tant pis pour toi, il fallait céder.

— O Sainte-Vierge! sauvez-le... ô grâce! grâce! je me rends...

. . . .

. . . .

— Ils l'ont tué... les bourreaux... tenez... regardez-le, il ne remue plus, il saigne... il saigne partout.

Oh! que je meure aussi, mais qu'au moins je le venge.

— Allons, f...-nous ton petit dehors... et viens laver ce sang.

— Je viens, Messieurs, je viens... vous le poussez du pied... ô lâches!! ô scélérats!! un cadavre !!!

— Enlève-le alors.

— Le voici, je l'enlève... et maintenant, je viens... et d'un!... et de deux!...

. . . .

— Oh ! la g. .., elle nous tue... ohé ! au secours !
ohé les autres, à nous !!

— Allons, attrape, toi... attrape, c'est à ton tour...
tiens, sens-le dans ta gorge, ce couteau qui me venge.

WILLEMS. — Fritz ! f....-lui ton sabre dans la
gueule... la g....!!

FRITZ. — Elle l'a enlevé !

WILLEMS. — Tiens-la !... mais tiens-la donc, le sang
m'aveugle, j'en ai les yeux remplis.

FRITZ. — Lublin ! arrache-lui le couteau de la
main, tonnerre !! prends-le-lui donc... j'ai la poitrine
percée.

LUBLIN. — Le voici, je l'ai... ah ! louve, à ton tour.

MADELEINE. —Oh ! vous pouvez me tuer, le petit est
vengé. Frappez, frappez toujours... j'ai besoin de
mourir... j'ai besoin d'aller rejoindre mon mari et
mon fils !

LUBLIN. — Enfin, elle a son compte... lâche-la
Willems... mais qu'as-tu ?

WILLEMS. — Je meurs... oui, je sens que je meurs ;
elle m'a frappé au cœur... Au secours ! Au secours !!

LUBLIN. — Il est trop tard ! elle s'est vengée.

MADELEINE. — Oui, je me suis vengée, et j'ai vengé
la France... Traîtres... Pillards... Assassins... l'Alsace
s'en souviendra...

Fritz. — Écrase-lui la gueule avec ton talon ; elle ne crèvera donc pas ?

Mais qu'est-ce ?... L'armée française... Les Français !

— Tu divagues !

— Tiens, écoute... écoute... on chante la Marseillaise.

Fritz. — Sauvons-nous, Lublin, allons, aide-moi... aide-moi donc... je ne puis me lever... mon sang ruisselle toujours.

Lublin. — Tonnerre ! les voici... Tonnerre... nous sommes perdus !

Paris, 13 juin 1879.

LES CHANTS DE L'AVENIR

LA MOSELLE ALLEMANDE [1]

En réponse à la fameuse chanson
« Vous n'aurez pas notre Rhin allemand.»

Nous l'aurons, votre Moselle Allemande !
Cette blonde fille au cœur infidèle,
Nous égrènerons ses perles diaphanes,
Sur son corsage demi-ouvert ;
Et sa voix murmurante dira :
Je suis à toi, ô peuple Français.

. . . .

. . . .

. . . . ,

1. Paroles et musique de l'auteur.

6.

Nous l'aurons, votre Moselle Allemande !
Cette paresseuse au front d'azur,
Nous effeuillerons ses myosotis,
Comme les feuilles de la marguerite ;
Et la dernière dira : je t'aime.
Passionnément, ô peuple français.

. . . .

. . . .

. . . .

Nous l'aurons, votre Moselle Allemande !
Cette bien-aimée aux cheveux d'or,
Nous vous arracherons de son lit,
Vous ses amants par la violence ;
Nous lui donnerons la liberté,
Afin qu'elle puisse nous tendre les bras.

. . . .

. . . .

. . . .

Nous l'aurons, votre Moselle Allemande !
Cette coquette aux formes vaporeuses,
Nous lui déferons son peignoir blanc,
Dans la fumée de la bataille ;
Et sans rougir elle nous dira :
A toi mes charmes, ô peuple français.

. . . .

. . . .
. . . .

Nous l'aurons, votre Moselle Allemande !
Cette charmeuse aux accents si doux,
Nous lui demanderons sa ceinture,
Pour atteindre nos frontières du Rhin ;
Et joyeuse, elle nous la donnera
Avec ses rires et ses baisers.

. . . .
. . . .
. . . .

Nous l'aurons, votre Moselle Allemande !
Comme une maîtresse que l'on reprend,
Nous l'aurons, votre Moselle Allemande !
La tête couronnée de lauriers ;
Nous l'aurons cette fois pour toujours,
Cette étrangère au cœur français.

. . . .
. . . .
. . . .

Nous l'aurons, votre Moselle Allemande !
Poudrée de noir par le canon,
Nous l'aurons orgueilleuse et fière,
La voix frémissante comme le cuivre ;

Nous l'aurons acclamant la France,
Et ses enfants, et leurs victoires.

LE CITOYEN GAMBETTA

Le voilà donc, cet épouvantail,
        Ce spectre rouge,
        Ce socialiste ;
Le voilà, cet audacieux,
        Ce révolutionnaire,
        Ce déclassé ;
Le voilà Président du Corps Législatif.
        Et qui sait ?...
Mais chut !... l'avenir est à Dieu seul.
Gambetta, ce nom sonne comme un clairon sonore ;
        C'est viril,
        C'est bruyant,
        C'est populaire.
    Ce nom-là est un mot d'ordre ;
C'est une espérance : non pour les nouvelles cou-

ches sociales, comme on a bien voulu le dire ; mais pour tous les Républicains honnêtes.

Si Thiers a tendu la main à Gambetta,

Si Thiers a partagé ses convictions,

Si Thiers a cru devoir s'écrier en pleine tribune :

« Le gouvernement Républicain est le seul aujourd'hui qui puisse réparer les désordres de la France » c'est que Gambetta n'était :

Ni le spectre rouge,

Ni le socialiste,

Ni le révolutionnaire,

Ni le déclassé annoncé par les partisans de l'Empire,

Par les partisans de la royauté,

Par les partisans du clergé,

Par les partisans de tous les abus.

Gambetta sera et restera :

Le citoyen honnête,

Le citoyen intelligent,

Le citoyen actif,

Le citoyen courageux,

Le fougueux tribun,

Le dictateur des jours de deuil.

Il restera inscrit dans l'histoire, à côté de Thiers, Grévy, et de Victor Hugo.

Que lui reproche-t-on, au bout du compte ?

D'avoir essayé de décréter la victoire ;

D'avoir essayé de museler les partis ;

D'avoir exposé ses jours dans un aérostat, pour électriser la France éperdue ;

D'avoir stigmatisé l'acte infâme de Bazaine ;

D'avoir repris Orléans ;

D'avoir cherché, par sa seule énergie, à relever l'abaissement moral du peuple !

Eh quoi !

Ne sont-ce pas là, toutes choses grandes et nobles, et dont tout citoyen doit être fier ?

Ah ! de grâce respectez-le.

A part Thiers et lui, qui aviez-vous, durant l'invasion, pour réorganiser ce que l'Empire avait désorganisé ?

Dites !

Nommez les grands hommes du parti royaliste,

Les grands hommes du parti bonapartiste :

Sont-ce Bazaine et autres ?

Allons donc !... Pénurie partout.

Et c'est à cet homme qu'on veut jeter la boue à pleines mains ;

C'est à cet homme que l'on crie : Arrière !

C'est à cet homme que l'on crie : Racca !

Ah ! que le sens moral est bas à cette heure !

Ah! que le sentiment de la justice est effacé !

Mais qu'attendre de ces français qui ont conduit l'Étranger à Paris ;

De ces français qui sont plus étrangers que l'Étranger, si ce n'est la haine de tout ce qui est grand et juste, de tout ce qui est fier et sain ?

Aussi, Gambetta restera le clairon du parti Républicain ;

Cette voix de cuivre sonore, orgueilleuse et fière ;

Cette voix, qui revendiquera sans cesse les libertés du peuple,

Cette voix qui ne ment pas,

> Qui ne flatte pas,
>
> Qui est mâle et courageuse,
>
> Qui a fait trembler l'Empire,
>
> Qui a conscience de sa force.

Et quand la France, maîtresse d'elle-même, libre de ses aspirations, pèsera les actes de ses enfants; elle pressera dans une même étreinte, les deux grands citoyens méconnus :

> Le petit bourgeois Thiers,
>
> Et le dictateur Gambetta.

PARIS DURANT LE SIÈGE

A *la mémoire d'Henri Régnault, tué à Buzenval*

« La patrie avant tout. »

S'il est un tableau sublime,
C'est celui de la femme luttant contre la faim.
L'homme est fort,
L'homme est viril,
L'homme est habitué à la résistance ;
La femme est frêle ;
La femme est nerveuse,
La femme est facile à décourager.
L'homme est maître,
La femme est esclave ;
L'homme commande,
La femme supplie.

Le cœur de l'un a le sentiment de l'indépendance;

Celui de l'autre, de l'abnégation.

L'homme aime avec égoïsme,

La femme avec dévouement.

Aussi, doit-on admirer avec orgueil la conduite héroïque des Parisiennes durant le siége.

Rendons à César, ce qui est à César,

Et à Paris, ce qui est à Paris.

Quand les hordes prussiennes campèrent autour de la grande capitale, ce ne fut qu'un cri :

« Elle se rendra;

Elle capitulera ;

Paris sans nouvelles,

Paris sans primeurs,

Paris sans luxe,

Paris livrée à la souffrance et à la famine, ne tiendra pas deux mois.

Cette Capoue,

Cette Babylone déposera les armes et hissera bien vite le drapeau blanc. »

— Erreur ! Et c'est ce qui fera l'admiration des générations à venir.

Paris, pleine d'un souffle patriotique, a tout oublié, sinon qu'elle devait résister jusqu'au bout.

Elle s'est transformée;

Elle est devenue sublime ;

Elle a crié aux armes ;

Elle s'est raidie contre la famine, contre la douleur, contre la mort.

La femme, sans une plainte, quittait le logis sans feu, pour courir aux ambulances :

Elle encourageait le blessé,

Elle priait pour le mort.

Elle s'oubliait elle-même, au cri de la patrie ; et sœur de charité, elle succombait à la peine.

Ah ! Paris, Paris !

Ville d'or et de boue,

De rayons et d'ombre,

De grandeur et d'avilissement, ·

Tu as bien mérité de la France ;

Tu as su, jusqu'au dernier moment, tenir haut la tête.

Et, si tu es tombée, tu es tombée expirante.

Ah ! Strasbourg ! Strasbourg ! que n'as-tu vu la place de la Concorde, le jour où la nouvelle de ta reddition est arrivée.

Quel spectacle étrange !

Quelle immense douleur !

Tout un peuple en deuil, oubliant ses propres tortures, pour venir pleurer aux pieds de ta statue.

Ah! si tu avais vu, la veuve et l'orphelin, le prolétaire et le bourgeois, l'étranger même, venir déposer leur couronne d'immortelles au cri de : Vive Strasbourg, au cri de : Vive la France.

Tu aurais compris la grande, la sublime et imposante manifestation de ses habitants ;

> Tu aurais sangloté,
>
> Tu aurais espéré,
>
> Ah! Strasbourg! Strasbourg !
>
> Ville bombardée,
>
> Ville brûlée,
>
> Ville saccagée,
>
> Souviens-toi de Paris !

Souviens-toi, du jour où ta statue disparaissait, sous un monceau de fleurs et de crêpes ;

Souviens-toi, de tout ce peuple en délire, te pleurant et t'acclamant, afin que ton cœur reste français ;

Afin qu'au jour de la délivrance,

Tu sentes tressaillir ton sein ;

Et que, fière et belle, tu te redresses au cri de : Délivrance !!!

QUEL EST-IL?

— Quelle est donc cette figure grotesque, d'où perle
une sueur glacée?

Quel est ce bec d'oiseau de proie ?

Ces lèvres bleuies?

Ces yeux sans feux ?

Quelle est donc cette moustache en crocs semblables à deux poignards d'acier?

Quelle est cette masse pantelante, dont les frissons
accusent la fièvre ?

Quelle est-elle ?

Est-ce un ivrogne, un laquais ou un pendard?

— Ce n'est ni l'ivresse, ni la servitude ;

Ce n'est même pas le vice odieux;

C'est la lâcheté accroupie, attendant l'heure de
rendre Sedan.

— Quoi! cette chose! ça serait un traître?

Cette masse qui grouille, un capitaine?

Allons donc! Tu en as menti !

Le Français traître?

Et depuis quand ?

— Depuis la nuit du coup d'Etat,

Depuis que la France s'est prostituée !

— Mais alors, cet homme serait donc un prince du sang, un général ?

— C'est mieux que cela, je te le répète; tu ne vois donc pas le grade qu'il porte?

— Serait-ce un maréchal de France?

— Non; car Mac-Mahon gît là, blessé.

— C'est alors... Oh! mais c'est impossible! Quoi! ce serait le neveu du grand homme?

Ce serait le meurtrier de Boulogne ?

— Tu l'as nommé, tiens, entends-le... il dit tout bas : Capitulons! Rendons la France aussi petite que la République l'avait faite grande.

— T........ de Dieu! Quel misérable! il n'a donc pas de sang français, à défaut de celui de l'oncle?

Quoi! Le coq gaulois meurt sans se rendre.

Cambrone a dit : M.... je ne me rends pas;

Celui-ci, l'aigle de Corse, pousse le cri lâche de la chouette, il dit : Rendons-nous; mais ne mourons pas.

Oh non ! va, ne meurs pas ; ta s..... vie est trop indigne, pour s'exhaler sur le champ d'honneur !

C'est le gibet qu'il faut aux traîtres !

C'est le bourreau qu'il faut pour les marquer !

UN AMOUR MORTEL

A M. A. Dumas fils, de l'Académie française

> « Si l'amour donne la vie,
> il l'ôte aussi. »

Je ne l'ai vu qu'une fois, et je le vois toujours ;
Il ne m'a dit qu'un mot, et mon cœur l'a gravé ;
Sa voix tremblante s'est tue, et l'accent me poursuit.
Qu'est-ce donc, ma mère, qu'est-ce donc que j'é-
prouve depuis hier ?
Je rêve à lui, la nuit ; le jour, à lui je pense ;
Si je veux dire un nom, c'est le sien qui m'échappe ;
Le moindre bruit m'effraie, il me semble que c'est
lui.
Seule, je pleure sans motifs, mon sein gonflé fris-
sonne.

7.

Je cherche la solitude, je fuis même mes amies.

Qu'est-ce donc, ma mère, qu'est-ce donc qu'il m'a
ravi ainsi?

Pour moi, la fleur n'a plus ni parfum, ni couleur;

Le ruisseau, plus de murmures;

L'écho, plus de notes sonores;

L'oiseau, plus de mélodies;

Le soleil, plus de feu;

Le papillon volage, plus son féerique éclat.

Je sens qu'il m'a tout pris, lui que je n'ai vu qu'une
fois.

Seule Phœbé me distrait, le soir, sous la charmille,

Quand toute voilée d'argent, elle me jette ses
baisers;

Seule, elle m'arrache l'aveu de ce nom qui me
charme,

De ce nom, ô ma mère, qu'il ne m'a dit qu'une fois.

Mais quel est ce mystère!

Cette force qui vous étreint :

Qui ne vous met au front, qu'une seule et même pensée,

Au cœur, qu'un seul désir,

Sur les lèvres, qu'un seul nom,

Quel est-il?

Pour qu'il soit si terrible et si doux,

Quel est-il donc, ma mère?

— Quel est-il, ô ma fille !

> Tu dois déjà le savoir ;
>
> Et ce qui me fait trembler,
>
> C'est que tu l'aies caché à ta mère.

— Mère !

— Eh bien parle... tu aimes.

— Oui, j'aime.

— Et qui aimes-tu ?

— Je n'ose.

— Avoue-le.

— Oh ! c'est que ce secret me brise et me tue.

— Et tu crois, que je ne l'avais pas déjà deviné :

> A ton teint pâle,
>
> A tes yeux fatigués,
>
> A ta démarche dolente,
>
> A ton air embarrassé.

— Mère !...

— Oh ! avoue-le, ce mot si tendre et si doux, ce mot est : amour.

— Oui, ma mère.

— Et à qui as-tu donné ton amour ?

— A Willems.

— A Willems, le prussien ! à cet officier badois ?

> Tu ne réponds pas.

— O grâce !! entends-moi !

— T'entendre! O fille sans cœur! ô fille dénaturée!

— Pitié !

— Tu aimes Willems... un ennemi de la France,
tu ne te souviens donc pas de ton frère Gustave, mort
à Sedan?

— Mère!...

Pardon, mais ne me condamne pas, sans au moins
m'écouter.

— Jamais !

Et que désires-tu de moi?

— Ton consentement pour l'épouser.

— Mon consentement : jamais !

— Je suis déshonorée !

— Ah Dieu!... et tu l'avoues !

— Ma mère, grâce!

— Grâce?... je te maudis !!

— Sainte Vierge, protégez-moi!

— Va-t'en, sors d'ici !

— Au nom de Dieu, ma mère, ô ne me chassez pas!

— Au nom de la patrie, je ne veux plus vous voir.

— Pardonnez-moi, de grâce!

— Sortez! sortez! sortez!

. . . .

. . . .

. . . .

— Madame, je suis Willems, et je viens vous prier, de m'accorder la main de votre fille Marie.

— Vous êtes Prussien, monsieur?

— Je suis Badois, madame.

— C'est synonyme, n'est-ce pas?

— A peu près, madame.

— Eh bien! dussé-je mourir, et voir mourir ma fille, je ne l'accorderai jamais.

— Madame, pourtant, je l'aime.

— Et elle vous aime aussi... je le sais; mais vous avez abusé de l'hospitalité pour la séduire, monsieur!

— L'amour ne raisonne pas.

— Non, quand il est infâme.

— Voyons, madame, pitié, je me ferai franciser, accordez-moi sa main?

— Francisé ou non,. la France n'aurait jamais qu'un espion de plus.

— Vous m'insultez!

— Je dis ce que je pense.

— Madame!

— Allons, sortez d'ici... c'est là mon dernier mot.

— C'est bien, madame, c'est bien... Adieu !

. . . .

. . . .

. . . .

WILLEMS.. — Puisse ma bouche sur ta bouche se
sceller pour toujours;

Puissent tes yeux et mes yeux n'avoir plus qu'un
regard ;

Puisse ma main dans ta main ne former qu'un seul
lien ;

Puissent ton cœur et mon cœur conserver leur
secret;

Puisse de nos seins glacés ne sortir aucun mot,

Si ce n'est ton seul nom,

Marie, ton nom à toi !

MARIE. — Puisse ma bouche sur ta bouche se fondre en un baiser;

Puissent mes yeux et tes yeux mêler leurs larmes
ensemble ;

Puisse ma main dans ta main ne former qu'un seul
lien ,

Puissent mon cœur et ton cœur palpiter à la fois;

Puisse de nos seins glacés aucun nom ne s'échapper,

Si ce n'est ton seul nom,

Willems, ton nom à toi !

WILLEMS. — Adieu donc, Marie,

O toi que j'ai aimée,

Adieu, ma blonde chérie,

Adieu, bonheur, adieu !

La mort, qui nous appelle et qui va nous unir,
A déjà, de son doigt, marqué nos fronts bleuis.
MARIE. — Adieu, aussi, Willems,
            O toi, qu'adore Marie,
            Adieu, toi mon seul bien,
            Adieu, toi mon ivresse !
La mort, qui nous sourit et qui va nous unir,
A déjà, de son doigt, effeuillé toutes nos roses.
WILLEMS. — Marie, ton corps frissonne;
            Ta poitrine se soulève,
   Un sifflement aigu déchire ta voix si douce.
            Mourrais-tu avant moi,
            Ne veux-tu pas m'attendre?
MARIE. — Si, Willems, car il faut,
            Que nos deux corps ensemble,
Puissent, sur la verte fougère, reposer côte à côte.
WILLEMS. — Marie, je ne sais pas,
            Mais ma pensée m'échappe;
On dirait que ma tête, est cerclée d'une couronne ;
Que tout, dans la nature, se voile d'un linceul blanc;
            Que je perds connaissance...
            Que.....
MARIE. — Willems... moi, c'est ma mère que je
vois à genoux.
            Oh ! qu'elle est pâle, grands Dieux!

> Plus pâle que nous encore.
> Elle dit : ils peuvent mourir...
> Mais se marier... jamais!

WILLEMS. — Mourons donc tous les deux unis par la souffrance,

> Par les liens de l'amour,
> Par le cœur, par la foi;

Mourons, comme le rayon, le soir au crépuscule,

> Comme un reflet qui passe,
> Comme un chant qui se perd;

Mourons entrelacés comme le lierre sur l'ormeau,

> Comme l'oiseau dans son nid,
> Comme la fleur sur sa tige,

Purs de la pureté que notre amour avait.

> Quoi! tu ne réponds pas,
> Marie, Marie, parle donc?

MARIE. — Adieu.... je veux.... pourtant te dire....
A toi.... Willems... à toi, l'éternel adieu...

> Pour les choses d'ici-bas ..
> Mais non... tu n'es pas là,
> Willems... où es-tu... dis-le-moi?

WILLEMS. — Elle se meurt... je le sens,

> Son agonie commence;
> Plaintif... son râle murmure :
> Willems... Willems, Wil... lems...

Allons, mourons aussi...
Achevons le poison !

. . . .

. . . .

. . . .

C'est bien elle... c'est Marie... morte... froide... ma fille !

Ah grâce ! Seigneur, grâce !

Qu'avais-je donc fait, dites-moi, pour être frappée ainsi ?

Pour voir ma seule enfant... perdue... déshonorée !!

Ah ciel ! il ne me reste plus qu'à mourir à mon tour,

Qu'à cacher ma honte,

Qu'à boire mon calice !

Et pourtant, pouvais-je unir à un Prussien, Marie, ma fille unique, Marie que j'adorais ?

Non !

Le fantôme de son frère... de mon fils... de Gustave, se serait dressé d'horreur !

Et devant la patrie sanglante, voilée de deuil, je ne pouvais que dire : Non,

Je ne pouvais qu'être française !

(*Elle s'évanouit.*)

Franconville. 23 janvier 1880.

LES ZOUAVES PONTIFICAUX

ET

LES SOLDATS DE LA RÉPUBLIQUE

Je ne suis pas de ceux-là qui, de parti pris, re-
nient ce qui est grand et sublime,
>Ce qui est noble et beau ;
>Qui jettent la boue à pleines mains ;
>Qui bavent la calomnie
>Sur tout ce qui n'est pas eux.
>Non, quand une grande idée,
>Quand une action d'éclat,

Quand quelque chose s'impose à l'opinion publique,
je l'admire ; et si je suis convaincu que le citoyen est
méritant, je bats des mains et crie: Bravo !
>Je ne cherche pas sa couleur ;
>Je ne discute pas ses opinions ;

Je ne cherche pas sa nationalité :

S'il est Français, tant mieux,

Cela rend plus fier.

Mais avant tout, la justice,

Avant tout, le courage de faire taire ses préférences, et de rendre hommage à celui qui le mérite.

Ceci dit, reportons-nous au champ de bataille de Patay.

Le drapeau blanc a flotté à côté du drapeau tricolore.

Les zouaves pontificaux ont mêlé leur sang à celui des francs-tireurs de Tours et de Blidah ; mais, en somme, chacun n'a fait que son devoir.

Si le drapeau du Christ a été ensanglanté ;

Le drapeau tricolore a été maculé aussi, de poudre et de sang.

Si Charette, de Verthamon, Jacques de Bouillé sont tombés en criant ; Dieu le veut !

Les autres officiers, ont expiré aux cris de :

Vive la France ! Vive la République !

Donc, religion et patrie,

Ces deux grandes idées,

Ces deux puissants leviers,

Méritent le respect et l'admiration ; car elles sont ce qu'il y a de plus pur dans le cœur humain.

La libre-pensée, est l'extrême-gauche de la pensée humaine, comme le fanatisme, en est l'extrême droite.

Mais si nous prenons une moyenne, nous avons la pensée libérale, le centre gauche, qui modère, qui tempère la fougue et l'exagération des deux extrêmes.

Donc, la conduite des zouaves pontificaux, leur héroïsme, étaient basés sur une noble et sublime idée : celle de Dieu ;

Comme la bravoure et l'intrépidité des francs-tireurs, avaient pour soutien : ce mot de Patrie.

Ce qui fait qu'au même titre il faut saluer :

Et l'héroïsme des soldats du Christ,

Et l'intrépidité des soldats de la République.

Pas d'exclusion ;

A chacun selon ses œuvres.

La France avant tout doit être impartiale ;

Elle a la poitrine assez vaste pour presser sur son cœur tous ses enfants.

Si Patay a été une réclame pour les soldats du Christ, on a dépassé le but ; car en somme, ils n'ont fait que leur devoir.

Les martyrs du travail sont tout aussi méritants aux yeux de Dieu, que les martyrs de la pensée ou de l'idée chrétienne.

S'il y a le Vatican,

Il y a aussi le Panthéon ;

Et, si on canonise un saint,

On a le droit de glorifier aussi un citoyen.

En résumé, chacun a fait son devoir : aussi bien Charette, de Troussures et autres, que les simples officiers Brun et Taver, tombés sur le champ de bataille.

Le Christ, quand il disait :

« Laissez venir à moi les petits enfants » ne s'enquérait pas de leur croyance, ni de celle de leurs parents.

Il avait l'amour universel ;

Cet amour de l'humanité,

Cet amour supérieur, élevé, divin, qui lui faisait aimer à la fois, tout ce qui était faible et pauvre, tout ce qui souffrait.

Donc, laissez venir à la France tous ses enfants ;

Soldats du Christ,

Et soldats de la libre pensée.

Et, du moment qu'ils sont méritants,

Qu'ils sont convaincus,

Qu'ils sont honnêtes,

Ne cherchons pas la couleur du drapeau ;

Saluons-les aux cris de :

Vive la France !

Vive la Patrie !

LIBERTE

A *mon compatriote Numa Martineau*

Liberté ! Liberté !
O liberté chérie !
O toi ma bien-aimée !
O toi qu'adore mon cœur !
Liberté, ma folie !
Liberté, mon seul bien !

Toi, qu'acclame de vivats, la création entière ;
Toi, qui fais à ton nom, bondir le cœur du sein ;
Toi, qui fais des héros, des martyrs et des hommes :
O salut, liberté !
Salut ! mille fois salut, flamme patriotique ;

Salut ! hymne d'allégresse,
Salut à ton drapeau !
Liberté ou la mort !
Liberté ! Liberté !
Peuples, redressez-vous !
Esclaves, brisez vos chaînes !
N'entendez-vous donc pas, mugir les noirs autans ?
Gronder cette voix guerrière qui fait crouler les trônes ?
Ne la voyez-vous pas, cette déesse au front blême, dont les cheveux épars flottent comme une longue crinière ?
Regardez-le, mes frères,
Ce fantôme des empires,
Qui cent fois poignardé, surgit de son tombeau !
Comptez sur sa poitrine les homicides empreintes,
Comptez les infamies ;
Comptez-les, tous ces crimes que la proscrite subit, depuis des siècles entiers !
Mais toujours jeune et fière,
Grande et belle,
Toujours là,
La liberté se dresse, et revendique ses droits !
Arrière ! empereurs et rois,
Monarques, princes et tyrans,

Arrière ! sous vos forfaits !

Arrière ! sous le mépris !

Tous les hommes sont égaux ;

Tous les humains sont frères !

Et par la liberté, un jour, sur toute la terre,

Il n'y aura plus d'empires, de royaumes, de frontières !

Il n'y aura qu'un seul peuple,

Qu'un seul cri,

Qu'une seule voix ;

La grande voix éternelle :

Celle de la Liberté !

UN EPISODE DU SIÈGE DE PARIS

A mon second fils Claude

— Où est la petiote ?

— La petiote, Pierre... la voilà.

— Quoi ! Qu'est-ce? mais la petiote saigne ; elle est froide.

— Oui, Pierre.

— Tonnerre, on l'a assassinée !

— Un obus.

— Encore les Prussiens, les gueux, ça ne respecte rien ; ils lui ont défoncé le crâne.

— Pierre, silence ! elle râle encore.

— Silence? malédiction! silence ? ô soutiens-moi ; oui, tu as raison ; je suis un homme, je ne dois pas pleurer ; car je puis la venger.

Raconte-moi ça, femme ; raconte-moi la chose.

— Tu sais que je t'avais dit: descendons à la cave;
Que m'as-tu répondu?

— Autant mourir une fois.

— Eh bien, je suis restée auprès de la petiote, la
regardant dormir, dans son berceau d'osier; quand
tout à coup, un bruit sourd, puis terrible, a fait cra-
quer le toit et vaciller les meubles.

J'ai bondi comme une lionne; et je me suis jetée
sur le berceau brisé.

Trop tard, hélas! trop tard; c'est elle qui fut frappée. La bombe avait déjà ensanglanté les chairs; ses
deux bras pendants tressautaient dans le vide; et sa
figure livide, annonçait le trépas.

— Et toi, qu'as-tu fait?

Je te l'avais confiée, la petiote; je l'avais, comme si
tu étais la sainte Vierge, mise sous ta protection:

Ah! que ne fût-ce toi que la bombe ait frappée!

.　.　.　.　.　.　.　.　.　.　.　.　.　.　.　.　.

Que dirai-je à son père?

Que dirai-je à mon fils?

La petiote était tout pour eux... c'était leur vie...
tu l'entends... leur vie!

Leur Adèle! eh bien, comment vais-je faire pour
leur rendre leur Adèle:

Dis, réponds-moi donc?

Tiens, toi, tu es une lâche; femme, il fallait mourir, mais sauver la petiote!

Tu as déjà vécu, tu as des cheveux blancs; il fallait la couvrir de ta poitrine, vois-tu, et ne pas me laisser le désespoir, la honte!

— Je suis prête à mourir!

— C'est ce qu'il fallait faire!

— Oh! ne me dis pas cela, Pierre; ce n'est pas de ma faute!

— Je te l'avais confiée!

— Une seconde a suffi.

— Cette seconde est de trop.

— Pardon!

— Je ne pardonne pas, l'enfant n'est pas à moi.

— Il fallait me laisser, la descendre à la cave.

— Il fallait mourir et me la sauver.

— O Pierre! ne sois pas inflexible!

— Ce n'est pas Pierre qui parle; c'est Jacques, père de l'enfant!

— Que veux-tu, depuis hier, je n'ai pas mangé; et tu sais qu'à mon âge, on n'est pas forte, mon homme.

— On est assez forte pour mourir.

— Je suis arrivée trop tard.

— Et c'est ce que je te reproche; il fallait me la rendre comme je te l'avais donnée.

8.

— Pardonne-moi : mes jambes ont fléchi, mes mains ont tremblé.

— Tonnerre ! il ne fallait ni fléchir, ni trembler ; c'était bon pour l'enfant, c'était bon pour le père ; mais pour une grand'mère... il fallait la sauver.

— Pierre ! ô mon Pierre.

— Ah ! femme, que vais-je faire, que vais-je devenir, quand le gars me dira : grand-père où est la petite ?

— Tu m'accuseras.

— Mais ce n'est pas à toi qu'il l'a confiée, tu le sais ; c'est à moi, moi, qui lui ai promis de la lui rendre en vie.

— Oh ! je deviens folle !

— Allons ; que je l'embrasse encore, une dernière fois ; tiens... elle remue... ses yeux s'ouvrent... elle n'est peut-être pas morte... un médecin... du secours...

— Va-t'en Pierre, va-t'en ; elle rend l'âme ; tu ne vois pas !

— Oh ! s..... nom....... les lâches ; tuer un enfant ; assassiner... l'innocence, la faiblesse.

F... le camp, tiens ; va-t'en, femme, tu m'as menti ; tu m'avais dit : Pierre, tu la trouveras vivante, et c'est toi que je retrouve.

Ah ! va-t'en d'ici !

— Par pitié, à genoux, grâce, ne me tue pas !

— Non, c'est vrai ; ce serait lâche de ma part, à cette heure.

Donne-moi mon fusil et ma vieille giberne ; j'irai venger l'enfant, et ton honneur, ma femme.

— Mais tu as, mon Pierre, plus de quatre-vingts ans !

— J'ai ce qu'il faut encore, pour venger un enfant !

— Oh ! emmène-moi avec toi.

— Reste, pour consoler les deux inconsolables ! reste bien, pour leur dire que ce n'est pas de ma faute ;

Que si l'enfant est mort, l'enfant est mort vengé !

— Et quand te reverrai-je, Pierre, mon pauvre Pierre ?

— Je l'ignore... dans l'autre monde peut-être, si Dieu a pitié de nous.

Embrasse-moi, prie : je vais mourir, tu le sais.

— Eh bien ! va, Pierre, va ; une fois la commission faite, je ne tarderai pas de t'aller rejoindre.

— Du courage ! Et surtout, dis-leur la vérité.

— Je te le jure !!!

. . . .

. . . .

. . . .

Le soir à l'angélus, on rapportait le vieillard, la poitrine trouée, sanglante, affreuse à voir ;

Mais sa figure calme, énergique et sereine, avait l'air de dire :

> J'ai rempli mon devoir,
> J'ai tenu mon serment.

Paris le 12 août 1879.

LES ENNEMIS DE LA FRANCE

A *la Presse républicaine*

> « A ceux, qui, forts d'une idée,
> immolent pour elle, position et
> avenir. »

Voyez-les, ces fiévreux, ces audacieux,
    Ces inassouvis.
Vous les croyez Français... jamais !
Ils sont : ou Bonapartistes,
    Ou Légitimistes,
    Ou Orléanistes,
    Ou Républicains,
    Ou Communeux.
Ils sont comme autant de chacals, cherchant la curée.
Ils sont comme autant de vautours, à la piste d'une
proie.

Ils planent,

Ils fouillent,

Ils grouillent,

Ils cherchent enfin,

A faire devenir la France :

Ou Bonapartiste,

Ou Légitimiste,

Ou Orléaniste,

Ou Républicaine,

Ou Communeuse.

Avant donc la France,

Avant donc la Patrie,

Il y a le parti ;

Le parti à mettre sur le trône,

A bien asseoir,

A bien étayer,

A bien encenser,

Jusqu'à ce qu'il soit assez fort pour que toute la meute courre à la curée :

Des places,

Des honneurs,

Des titres,

Des rentes, etc.

Et c'est ainsi, comme autant de judas, qu'ils viennent baiser au front cette France, en criant :

Vive l'Empereur !

Vive le comte de Chambord !

Vive le duc d'Aumale !

Vive le Pape !

Vive le Président !

Vive... rien du tout!

Car la commune n'est pas un parti ;

C'est le résultat de tous les partis.

Mais la France elle-même, qui en a souci?

Mais la Patrie, qui s'immole pour elle ?

— Personne !...

Périsse la France plutôt que :

Le Bonapartisme,

La Légitimité,

L'Orléanisme,

Le Cléricalisme,

Le Républicanisme,

Et le Communisme.

Et c'est ainsi, que tyrannisée, violée, déchirée, cette pauvre France tombe de Charybde en Scylla.

Elle n'a pas le droit de penser,

Elle n'a pas le droit d'agir,

Elle n'a pas le droit de prier,

Elle n'a pas le droit d'être elle-même, sans qu'aussitôt, toute une meute enragée ne lui crie: Halte-là.

Tu fais du tort à mon parti ;
Cela peut être français,
Mais c'est contraire à nos idées :
Bonapartistes,
Légitimistes,
Orléanistes,
Cléricales,
Républicaines,
Communeuses.

Et la France ahurie, se redresse, vacille, s'affaisse,
se relève encore, et tombe... tombe, comme le cerf
aux abois, devant la meute qui le chasse.
Pauvre France !
Tu es donc leur chose,
Leur vache à lait,
Leur esclave,
Pour qu'ils t'enchaînent,
Qu'ils te musellent de la sorte.

Eh quoi ! quand toute cette meute enragée se
dresse devant toi, quand l'hallali bourdonne à tes
oreilles,
Tu ne penses pas à te redresser comme en 93,
Et d'un revers de main, à les écraser tous.
Ah ! tu n'es donc plus virile,
Tu n'as donc plus ta framée ;

Tu n'es donc plus cette gauloise à l'œil de feu et à la poitrine nue, qui criait : Victoire,

Qui criait : Honneur.

Tu n'es donc plus cette guerrière fière et belle,

Grande et noble,

Qui a enfanté Jeanne d'Arc et Jeanne Hachette.

Eh quoi ! tu ne peux pas de nouveau, imposer tes lois et te faire respecter ;

Tu ne peux pas, une fois pour toutes, leur crier :

Je ne veux pas de Césarisme,

Je ne veux pas de tyrans,

Je veux être libre... libre dans la plénitude de mes aspirations.

Je broierai tous les partis,

J'écraserai tous les reptiles,

Je déjouerai tous les calculs,

Afin de forcer mes enfants d'être français, d'aimer la patrie et de respecter le sol où ils sont nés.

Je ne veux plus de partis ;

Je ne veux plus de guerres civiles ;

Je veux la Paix ;

Et je l'aurai, dussé-je faire trembler l'Europe comme en 93 ;

Je l'aurai, dussé-je envoyer à l'échafaud tout ce qui n'est pas français et qui se met au-dessus des lois.

> Car la patrie avant tout ;
>
> La patrie avant soi-même.

Et tu ne peux pas leur ajouter :

Non, je ne veux plus de roi... car 93 a décapité la royauté ;

Non, je ne veux plus d'empereur... car Napoléon Ier nous a donné Waterloo et l'Invasion ;

Napoléon III, Sédan et l'Invasion.

> Même apothéose ; c'est assez.
>
> Je ne veux pas de président ;

Je veux le gouvernement de la France par un Conseil où tous les membres soient égaux, et où, simplement, la majorité s'impose.

Si le gouvernement républicain peut me le donner, que la France soit républicaine ;

Qu'il me coiffe du bonnet phrygien et de la cocarde rouge.

Car enfin, 93 a proclamé les droits de l'homme :

> « La Liberté, l'Égalité, la Fraternité. »
>
> Il a fait trembler tous les tyrans ;
>
> Il a décrété la victoire ;
>
> Il a décapité le trône ;
>
> Il a fait disparaître les abus ;
>
> Il a abaissé l'autel ;

Il a fait pour ses enfants ce que ni la royauté,

ni le césarisme, ni la papauté n'ont jamais fait.

Donc, la République est appelée à refaire ce qu'elle a déjà fait.

C'est pour quoi, aujourd'hui, que la France entre dans la plénitude de ses aspirations,

Qu'elle est républicaine,

Qu'elle a la majorité,

Elle saura se faire respecter de tous les partis ;

Elle imposera sa volonté ;

Elle la décrétera, s'il le faut ;

Et de nouveau elle s'écriera :

La Patrie, avant tout !

UNE
SCENE DE LA GUERRE EN LORRAINE

ADÈLE & ADOLPHE

A ma chère femme

Je n'ai pas vingt-deux ans, il faut mourir déjà ;
    Il faut plier ma tente.
La vendange n'est pas faite, sur les côteaux vermeils ;
  L'épi mûrit encore, couvrant la plaine fertile ;
      Tout chante dans la nature ;
      Tout murmure ici-bas ;
      L'hirondelle voltige ;
      L'alouette couve son nid ;
  Et déjà il me faut penser au lendemain ;
    A la mort qui m'attend.

Je n'ai pas vingt-deux ans, il faut mourir déjà !
Les feuilles jaunissent à peine sur les grands mar-
ronniers ;
L'abeille construit sa ruche ;
La fleur embaume encore ;
Et le zéphir naissant a son souffle toujours tiède.
Mourir ! quand tout est rose ;
Quand le ciel est si bleu ;
Quand la fauvette joyeuse babille le long des haies.
Mourir ! quand on vous aime ; quand on a l'espérance :
O quel affreux destin !
Sur le seuil de la vie je ne fais qu'apparaître ;
Mes lèvres n'ont savouré ni le miel, ni l'ivresse ;
Ni les chastes baisers ;
Ni les caresses ardentes.
La coupe est encore pleine, débordante de jeunesse ;
Le festin est servi et je ne puis m'y asseoir.
Il faut plier ma tente ; partir pour l'inconnu ;
Il faut mourir enfin !
L'astre brillant des nuits va fermer mes paupières ;
Et demain, quand l'aurore souriante se lèvera ;
Quand la blanche fée du lac, dans son miroir
d'azur, tordra ses cheveux d'or, mon âme sera partie
vers le séjour céleste :
La patrie des élus !

. . . .

. . . .

. . . .

— Non, tu ne mourras pas, Adolphe; écoute-moi :
Notre mère est vieille et nous sommes cinq enfants,
dont les bras débiles ne peuvent gagner leur pain.

 Il faut que tu vives,

 Toi l'aîné,

 Toi le maître.

Il faut partir d'ici, et gagner la Belgique.

— Jamais !

— Adolphe, pense que toi mort, c'est la misère
pour nous.

 Tu es le soutien de la famille ;

Seul, tu peux consoler notre père infirme.

 Il faut partir de suite,

 Partir avant le jour.

 — Sœur, tu es folle !

Partir et vous laisser, moi que le sort cruel a fait
prendre comme otage; moi que les Prussiens récla-
meront demain.

 Jamais !

— Adolphe, au nom de Dieu écoute-moi : Pars,
conserve tes jours précieux, pour faire vivre nos
parents.

— Et si demain matin, quand on ne me trouvera pas, on prenait mon père ou quelqu'un des nôtres?

— Ne t'inquiète pas de cela ; je suis là, je serai toi ; et quand on demandera Adolphe, je répondrai : Présent.

— Oh jamais, ma sœur !

Jamais je ne serai si lâche.

— Tu serais encore plus lâche, si tu ne partais pas ; tu laisserais à ma charge deux vieillards et cinq enfants.

— Adèle ! Adèle ! grâce !

— Il faut partir, te dis-je.

> L'aube blanchit déjà,
> Le rossignol se tait,
> La diane va sonner.

Frère, embrasse-moi ; prends mes vêtements et va. J'ai un laissez-passer.

> Il est temps ; pars, te dis-je.

— Sœur, je me sens défaillir.

— Adolphe, courage, du cœur ou, tu vois ce couteau, devant toi, je l'enfonce dans mon sein palpitant.

— Ah ! viens, Adèle, viens que je t'embrasse encore ; que je scelle sur tes lèvres mon dernier adieu ; car mon idée me dit que tu mourras martyre.

— Pars, pars, pars.

Va-t’en, frère ;

Va-t’en et prie pour moi !

— Adieu, Adèle... Adieu, et que Dieu ait pitié de toi !.

. . . .

. . . .

. . . .

— Où est ton frère, Adèle ?

Les Prussiens vont venir.

— Mon frère est loin d’ici..... il est parti cette nuit.

— Quoi ! il a abandonné ainsi ses vieux parents ?

— Taisez-vous, mon père... il a fait son devoir. Le sort l’avait choisi comme otage pour mourir ; je l’ai fait partir, et c’est moi qui mourrai.

— Toi, une fille de vingt ans !

Toi, mon Adèle chérie !

— Oui, moi ta fille, mon père, je mourrai pour Adolphe.

Tiens, coupe-moi les cheveux, et surtout prends bien garde que ma mère ne sache ce qui va se passer.

— Adèle !

— Ne pleure pas, père, tu le sais bien : Adolphe mort, c’est la misère pour vous !

— Ah ! que les Prussiens me prennent à ta place !

— Non, père, cela ne se peut pas ; je ne suis plus Adèle, je suis Adolphe maintenant. Vois comme je contrefais ses gestes et son parler.

Père ! les Prussiens ! ! !

— Mon Dieu, ayez pitié de ma fille et de moi !

— Adieu, père, Adieu, je pars... ne sanglote pas ainsi... je reviendrai peut-être ; n'en dis rien à ma mère.

— Adèle...

— Adolphe tu veux dire... si on t'entendait !

— Je te bénis..... Adieu !

. . . .

Sept otages furent ainsi amenés sur la place ;
Le tambour résonnait, couvert d'un crêpe sinistre,
Un bataillon, l'arme au bras, formait l'entourage ;
Le peloton, au milieu, attendait impassible.

Quand on cria : Adolphe, elle répondit présent d'une voix aussi ferme que celle d'un soldat.

Et quand sur un seul rang, on les aligna, un sourire de bonheur glissa sur ses lèvres.

Feu ! commanda l'officier.

Six tombèrent.

Adèle, le bras brisé, attendait impassible.

Chargez !

On entendit le bruit de l'acier résonner.

Feu ! commanda de nouveau l'officier.

Adèle s'affaissa cette fois, comme une masse.

L'officier s'approcha... regarda et pâlit ;

A travers la vareuse, il reconnut le sexe ; et ne pouvant y croire, il l'entr'ouvrit soudain ;

Deux larmes perlèrent amères, à ses grands cils dorés ; il la souleva et dit à ses soldats :

« — Saluez l'héroïsme de cette jeune fille française :

Elle est morte en héros,

Elle est morte en martyre. »

Paris, le 14 janvier 1880.

LA

FRANCE & L'EMPIRE D'ALLEMAGNE

LES LOIS ÉTERNELLES DE DIEU

En vérité, en vérité, l'homme aura-t-il donc éternellement,

    Des yeux pour ne pas voir ;

    Des oreilles pour ne point entendre ;

    Une langue pour ne point s'en servir ;

    Un cœur pour ne pas aimer ;

Et une âme pour ne point croire aux lois qui régissent l'univers.

    Quoi ! tout s'écroule ;

    Les mondes passent ;

    Les mers se dessèchent ;

Les montagnes se nivellent ;

Les volcans s'éteignent ;

Et nous voudrions que la France, toujours virile, la taille ceinte de son écharpe et la framée au poing, continuât de crier aux peuples :

Liberté ! Égalité ! Fraternité !

Liberté, quand elle avait vendu la sienne à un Corse ;

Égalité, quand toutes ses lois étaient foulées aux pieds ;

Fraternité ! quand ses propres enfants s'entr'égorgeaient sans cesse.

Mais la France ne suit donc pas les lois universelles ?

La France ne s'use donc pas, comme tout ce qui a vie ?

La France, la géante,

La France, la sublime,

La France, la virile ;

Mais elle a atteint l'âge de la décadence !

Pour régénérer cette maîtresse des nations, il lui faudrait une sève nouvelle.

Et où la prendre, à cette heure, où la prendre ?

Quand durant vingt années, des milliers de serres, de tenailles, de griffes,

L'ont déchirée, déchiquetée, broyée ;

Quand des pieuvres à tentacules royales et impériales, ont épuisé toute sa vitalité ;

>   Lui ont pris la moëlle de ses os,
>   Le sang de ses veines,
>   Les pensées de son cerveau,
>   La chaleur de ses entrailles,

Toute sa vie, en un mot, pour satisfaire des passions insensées, des passions ignobles ; et cela pour
lui donner en place, un repos, hélas, qui devait la
conduire au tombeau !

O peuple, tu auras donc toujours des yeux pour ne
point voir !

Durant vingt ans, tu n'as pas vu le ver rongeur
qui minait ta patrie ;

Sous cette enveloppe factice, tu n'as pas senti que
tout s'ébranlait autour de toi ;

Tu n'as pas senti que les premières bases, qui font
la grandeur des nations, s'en allaient par lambeaux ;

Tu n'as pas vu que la famille n'était plus qu'un
vain mot ;

Tu n'as pas vu que la Liberté n'était plus qu'un
mythe ;

Que la Fraternité s'enseignait avec le plomb des
fusils ;

Que l'Égalité se trouvait seulement dans la mort.

O peuple, tu as été bien coupable;

Et tu l'as chèrement payé!

Mais cette leçon te profitera-t-elle?

J'en doute ; car il t'en faut encore de plus terribles, pour redonner à la France le prestige d'autrefois.

Après la rançon du sang, vient la rançon de l'or ;

Après l'or et l'argent, la haine ;

Après la haine, le courage ;

Après le courage, la rage du désespoir,

Qui enfante les héros, qui électrise les cœurs ;

Qui fait de chaque homme un soldat ;

Qui fait de la femme et des enfants, des combattants prêts à sacrifier leur vie pour la Patrie.

Après quoi, vient la victoire terrible, froide et altière ;

La victoire, réclamant cinq milliards d'une main, et une poignée de chair — l'Alsace et la Lorraine — de l'autre ;

La victoire terrible, sombre, sous ses haillons tricolores, demandant vengeance pour les forfaits de Bazeilles, de Châteaudun et de Paris ;

La victoire implacable, accompagnée de la justice, sa balance à la main, pesant et condamnant.

Mais avant que cette victoire n'arrive ;

Avant que son heure ne sonne au cadran des siècles;

Pauvre France !

Que d'amertume, d'angoisse et de tristesse ne sentiras-tu pas dans ton sein !

Comme ils te feront petite, ces haineux Teutons ; Comme ils t'accableront !

Mais il le faut ; car c'est de tes souffrances que naîtra le patriotisme de tes enfants !

C'est de tes plaies béantes que leur viendra le salut !

C'est de cet or, immense lèpre qui leur donnait toutes les jouissances matérielles, et que tu as rendu à ton vainqueur, pour les lui faire connaître à son tour, que naîtra ta virilité ; virilité de fer et d'acier ; virilité de la victoire !

Oui, ô peuple de France, tu as toujours eu des yeux pour ne pas voir à tes affaires ;

Des oreilles pour ne point entendre les avertissements de la raison ;

Une langue pour ne s'en servir que contre toi ;

, Un cœur pour n'aimer que ce qui venait du dehors ;

Et une âme pour ne croire qu'aux chimères de la royauté et de la papauté.

Tu n'as pas vu, tu n'as pas su et tu n'as pas pu à temps ; je vais te dire pourquoi :

Un peuple qui prend un maître, prend aussi ses défauts.

Si ce maître est égoïste, ambitieux,

Si ce maître aime l'or,

Si ce maître est cynique,

La nation, qui forme ce peuple, devient peu à peu, égoïste, ambitieuse, aimant l'or, lâche et insensée.

Du plus grand au plus petit, par l'exemple, les paroles, les écrits, le peuple devient ce qu'est le maître ; un reflet de sa personnalité.

L'or n'a jamais produit que l'avarice ou la prodigalité, la luxure, l'égoïsme et les crimes de toutes sortes ; depuis les plus ignobles scandales, jusqu'aux cataclysmes qui font disparaître une nation, de la surface du globe.

Ceci admis, la France pouvait-elle, avec un régime de vingt années passées dans l'adoration du veau d'or ;

Avec un régime de désorganisation morale ;

Avec des institutions travesties, qui repoussaient systématiquement tout ce qui était noble et grand, vertueux et sain, afin de plaire au Maître ; la France dis-je, pouvait-elle arriver à autre chose, qu'à un effondrement complet ?

Non ; c'était inévitable !

Un peu plus tôt, ou un peu plus tard, elle devait, minée comme elle l'était, s'abîmer au premier choc qu'elle subirait : et bien heureux qu'il se soit produit de cette manière, car elle aurait pu être engloutie à jamais.

Il est une loi terrible, une loi divine, qui veut que de l'excès du mal surgissent :

Les grandes résolutions ;

Les grandes vertus ;

Les grands génies ;

Les grands capitaines.

Il est une loi qui veut que, ce que l'on sème, on le récolte ; une loi qui veut que, d'institutions viriles, libres, patriotiques, naissent des citoyens virils, libres, patriotiques.

Nous avons la République,

C'est le premier sillon que nous avons franchi dans la voie de la régénération.

Nous avons cinq milliards de moins, soit! C'est pour cinq milliards d'égoïsme, de luxure, de vanité, de bien être que nous avons en moins ; mais aussi, c'est pour cinq milliards de patriotisme que nous aurons en plus : second degré de l'immense sillon qui nous trace le chemin de la victoire !

Nous avons en moins l'Alsace et la Loraine ! Nous les reprendrons un jour : soit par la fraternité d'une partie de la France pour la France, sa mère de prédilection, soit par la victoire du fer sur l'or.

Nous avons perdu l'élite de notre jeunesse : Salut à ces martyrs qui ont su faire leur devoir, et prouver encore que, dans leurs veines, il y avait du sang gaulois de nos pères!

Et de ce sang, il naîtra d'autres héros plus virils et plus forts ; des lions qui terrasseront l'aigle noir des Teutons, et qui nous mèneront, avec la Marseillaise sur les lèvres et le patriotisme au cœur, à Berlin, cette Capitale que nous aurons rendu — Nouvelle Capoue — apte à gangrener le reste du grand empire Allemand. C'est encore là une loi divine, qui veut toujours que, d'où la justice et la bonne foi ont été bannies, la victoire de l'un serve à sa propre ruine, et les revers de l'autre, à sa régénération !

VICTOR HUGO

Voulez-vous étudier avec moi, une des physiono-
mies les plus sympathiques et les plus populaires de
notre siècle ; une de ces figures qui commandent le
respect et qui s'imposent quand même.

Eh bien ! regardez-la ;

Envisagez-la ;

Fouillez-la.

N'y voyez-vous pas la noblesse et le génie ;

La bonté de l'âme,

Et la dignité du cœur ?

N'y lisez-vous pas vaillance et souffrance,

Abnégation et conviction ?

Quel front !

Quel regard !

Quel sentiment du noble et du beau !

Cette tête est un volcan ;

C'est une fournaise qui brûle toujours,
Et d'où la pensée, forgée, martelée, laminée,
Sort étincelante comme l'acier.
Quelle verve,
Quel mordant,
Dans les *Châtiments;*
Quelle ampleur,
Quelle étude,
Dans le *Roi s'amuse;*
Quelle finesse,
Quelle conviction,
Dans *Notre-Dame-de-Paris.*
Et ses *Odes et Ballades:*
La nature prise au vif.
Peintre du sentiment,
Profond penseur,
Il a le secret d'émouvoir et de convaincre;
Il vous fait assister à ses scènes;
Il vous empoigne, il vous émeut,
Il ne vous laisse même pas le temps de l'acclamer.
Tout son théâtre a un brio, une majesté, une flamme qui électrise.
On y sent bouillonner la passion,
Cette passion vraie, ardente, réelle.
Le vice y est stigmatisé;

La vertu, prêchée et enseignée,

Sans emphase,

Sans pédantisme,

Comme le vrai philosophe la comprend.

Quelle vaste poitrine ;

Quel souffle de vie sort de ces narines frémissantes :

C'est bien l'athlète toujours prêt à combattre, toujours prêt à mourir.

L'empire lui a donné son piedestal :

Jersey ;

Il a rendu à l'empire un boulet :

Les Châtiments.

A la vague écumante qui venait lui apporter les nouvelles de la patrie, il confiait les mâles accents de sa lyre toujours vibrante, toujours française.

C'est un des rares citoyens, qui ont su se faire respecter de tous les partis ;

Qui ont su se faire aimer ;

Qui n'ont jamais flatté le pouvoir ;

Qui ont parlé au peuple un langage noble et viril ;

et qui ont su, au milieu de toutes les défaillances, rester droits ; rester hommes.

Il n'a jamais courbé le genou ;

Il n'a jamais transigé avec sa conscience :

Voilà pourquoi l'empire l'a détesté,

Voilà pourquoi l'empire l'a proscrit.

Toujours soucieux, le destin a été pour lui bien cruel.

Frappé dans ce qu'il avait de plus cher, la douleur, comme un vautour, lui a rongé le cœur, lui a fait saigner le sein.

Ses fils, qu'il aimait avec orgueil, lui ont été enlevés coup sur coup.

Et, comme un chêne centenaire, il est resté, attendant la hache du bûcheron.

O gloire! gloire!

A cette nature d'élite,

A ce grand génie,

A ce fier proscrit!

Que la trompette de la renommée proclame son nom dans les deux hémisphères;

Et que nos enfants apprennent, en lisant ses œuvres:

Comment on devient immortel!

L'EMPEREUR S'AMUSE

Au citoyen Louis Blanc

Il faut bien se mettre dans la tête,

Que la guerre avec la Russie, n'était qu'un expédient aux embarras de l'empire ;

La campagne d'Italie aussi, un expédient, en même temps qu'une sanction donnée à la politique du clergé ;

La campagne du Mexique, un expédient aux appétits des commandants d'armée.

Les deux pivots de cette politique étant le clergé et l'armée ; il fallait bien satisfaire et ce clergé et cette armée.

La tête de l'un se trouvait à Rome,

La tête de l'autre en Algérie.

Nos deux lèpres, quoi !

Clergé impérial à *Te Deum*,

Armée impériale à aigle d'or.

La campagne de Chine même, n'a encore été qu'une atroce comédie, où le pillage était sanctionné, comme principe de civilisation.

Enfin, pour tout faire oublier, on décréta, ou plutôt on vota que l'Empereur s'amuserait :

On vota l'Exposition.

La grande Exposition de 1867, où par parenthèse, on pourrait classer et étiqueter tous les Césars et Rois de l'Europe, appelés à y prendre part.

Où l'on pourrait nocer, joharder, goguenarder royalement et impérialement ;

Et faire à tous ces cousins les honneurs de la France.

Aussi accoururent-ils tous :

Depuis le czar de la Russie, jusqu'au sultan de la Turquie ;

Depuis le roi des Belges, jusqu'à l'Empereur d'Autriche ;

Enfin, jusqu'à Guillaume et Bismarck.

Princes, potentats, ministres, ambassadeurs, arrivaient, partaient, revenaient, faisaient des Tuileries et du palais de l'Elysée des auberges impériales.

Et pendant que le peuple ahuri ; hébété, écarquillait les yeux, la France s'endettait ;

La France s'embourbait ;

La France s'avilissait :

Par toutes ces fêtes,

Par toutes ces comédies,

Par toutes ces prodigalités,

Par tout ce luxe qui se payait en honte et en souillure ;

Et chacun de s'écrier :

« C'est ce qui fait la richesse de la France. »

Oui ! Et c'est ce qui fait qu'elle a eu aussi cinq milliards à payer, et la Lorraine et l'Alsace en moins.

C'est ce qui fait aussi que, lorsque la Patrie a crié aux armes, elle a trouvé, en fait de patriotisme, le patriotisme de l'or, c'est-à-dire la lâcheté.

Chacun n'avait qu'une pensée : cacher cet or,

Le mettre à l'abri ;

Lui faire rapporter, comme du temps de l'Empire, de gros intérêts.

Et le dernier paysan devenu financier, criait :

« Qu'on me paye mes coupons ;

» Qu'on tire la loterie ;

» Qu'on me rembourse mes obligations ;

» Qu'on..... »

Et de la Patrie.. Bernique !

Aussi, lorsque l'invasion est arrivée jusque dans les campagnes, n'a-t-elle trouvé que des alliés,

Que des trembleurs,
Que des agioteurs ;
Mais pas un français.
D'où cela provenait-il donc ?
Ah ! demandez-le à Bismarck,
Demandez-le à l'histoire ;
Ils vous diront : de l'Empire,
De cette politique d'expédients,
De cette corruption nationale,
De cet avilissement,
De cette dégradation,
De cette dégénérescence,
De cet oubli des devoirs du citoyen,
De ces fêtes sans nombre où les Tuileries, semblables à un théâtre de féerie, ruisselaient d'or et de feu, où tout un monde de courtisans et de courtisanes venait se pâmer et s'amuser ;
Où l'on vendait,
Où l'on achetait,
Où l'on faisait la petite bourse,
Où l'on chassait les écus en même temps que les faveurs,
Où l'amour était coté au plus juste prix,
Où ballerines et saltimbanques venaient, de tous les côtés du monde, admirer le *roi qui s'amuse ;*

Oui ils vous diront :

> Que c'est de ces fêtes,
> De ces chasses,
> De ces féeries,
> De ces feux d'artifices,
> De ces illuminations,
> De tout ce faux clinquant,
> Que sont sorties nos lèpres.

C'est de Notre-Dame, parfumée, pomponnée, ruisselantes d'étincelles,

Où brûlait l'encens impérial,

Où, de la chaire sacrée, tonnaient les louanges d'un César,

Que sortait le mépris de la religion.

C'est, des casernes-palais,

Des antichambres princières,

Où les cent-gardes se croisaient avec les familiers,

Où la garde impériale et les grenadiers mangeaient les restes des festins de la veille,

Que sortait le mépris de l'armée.

Et lorsque, entouré de sa garde, azur et or, galonné, enrubanné, panaché, la poitrine ceinte du grand cordon de la Légion d'honneur, l'Empereur, dans une voiture conduite à la Daumont et traînée par six coursiers, donnait l'accolade d'adieu à son royal cousin, à cet hôte de la France,

Guillaume disait à Bismarck : *Alsace.*

Et Bismarck répondait : *Lorraine.*

LA VICTOIRE DE COULMIERS

---

*A la mémoire de mon oncle, Henri Augier,
ancien chef d'escadron*

A lui qui a su immoler sa carrière
à ses convictions.

On avait tant calomnié ces pauvres moblots,
    On les avait tant bafoués,
    Qu'on n'y croyait plus.
    Il fallait les voir faisant l'exercice,
    Les uns avec des bâtons,
    Les autres avec des fusils à pierre,
        Mal vêtus,
    Flanqués de vieilles blouses de laine,
        Mal nourris,
    Encore plus mal équipés ;

Pataugeant dans la boue,
   Couchant à la dure,
Et pourtant ne se plaignant pas ;
Il fallait les voir hâves,
   Grelottants de froid,
A peine disciplinés, et sans expérience,
Pour comprendre tout ce qu'ils devaient souffrir.

Et pourtant, quand le général d'Aurelles de Paladines les eût tant soit peu dressés,
   Un revirément se fit tout à coup ;
   La France espéra.

Avec les quelques débris de l'armée régulière,

Avec les armes qui nous arrivaient, grâce à l'activité de Gambetta, il fut décidé qu'on reprendrait l'offensive ; que l'on vaincrait :
   Et l'on vainquit !

Il était huit heures du matin, quand les troupes s'ébranlèrent ;

Elles avaient devant elles : deux divisions d'infanterie bavaroise, la division prussienne du comte de Solberg, et neuf régiments de cavalerie, en tout une trentaine de mille hommes.

La clef de la position était Baccon qui était posté sur une hauteur.

Le village, devenu une véritable forteresse, était

crênelé, percé de meurtrières, barricadé, terrible à prendre.

Les Bavarois nous y attendaient, abrités et tirant à coup sûr.

Tout à coup, l'ordre est donné de prendre Baccon d'assaut.

— Prendre Baccon !

Aller à travers une grêle de balles et de boulets déloger l'ennemi ;

L'aller charger à la baïonnette ;

Le battre corps à corps, face à face :

Et demander cela à ces pauvres moblots, dont on avait tant ri :

Que pouvait-on demander de plus à des troupes régulières ?

Eh bien ! au cri de vive la Patrie,

Tous ces lions s'élancèrent,

Se ruèrent sur le village ;

Et maison par maison, barricade par barricade, ils emportèrent Baccon, culbutant les Bavarois, et les poursuivant jusqu'au château de la Renardière.

Et là, au milieu de la mitraille,

Au milieu d'une fumée qui aveugle,

Au pétillement de l'incendie,

Aux cris des blessés et des mourants,

Ils enlèvent la Renardière, battent l'ennemi et l'ac-
culent à Coulmiers.

Il était deux heures.

Le salpêtre en furie grisait les cerveaux,

La canonade grondait,

La terre semblait trembler sous les pieds des chevaux qui bondissaient au loin.

Semblables à des couleuvres, les tirailleurs couchés
à plat ventre, s'approchaient,

Rampaient,

Avançaient ;

Et, se levant tout à coup,

Au cri de vive la France, ils chargeaient l'ennemi.

O quel spectacle grandiose,

Que ce noble enthousiasme,

Ce mépris de la mort,

Ce sang-froid,

Ce courage !

Vous aviez donc menti sur ces troupes de province,
Sur ces soldats d'hier, aujourd'hui des héros.

Regardez-les !

Le tambour bat, le clairon résonne,

Le drapeau tricolore s'agite et se redresse.

Ils gagnent, ils gagnent toujours du terrain,
Chargeant avec furie, les Prussiens qui se sauvent.

Les voilà au sud de Coulmiers ;
Mais, arrêtés par l'artillerie ennemie,
Ils attendent.
Ah ! voici le général Dariès avec les canons de la réserve : Hourra !
Un feu terrible est ouvert;
L'ennemi ne répond plus;
En avant!
Et blessés et mourants se redressent encore;
Ils ne peuvent croire leurs yeux; l'ennemi est en déroute, l'ennemi bat en retraite.
— Suivez-moi, enfants ! cria le général Barry aux mobiles de la Dordogne;
Et ces fiers soldats s'élancèrent sans crainte.
O ! quelle intrépidité !
Quelle fougue !
Quelle furie!
Jusqu'aux ambulances, on poursuit les Prussiens ;
On ne voit plus clair,
On est ivre,
On est fou.
Le bras fléchit, on frappe quand même,
On s'affaisse,
On se redresse ;
Et la baïonnette éventre l'ennemi qui tire encore.

Hourra! Hourra! Hourra!

L'amiral Jauréguiberry, suivi de ses troupes, enlève au pas de course Ormeteau et Champ, dernier refuge des Prussiens.

Et, aux lueurs de l'incendie, on aperçoit l'ennemi en fuite;

On aperçoit les traînées de feu de notre artillerie, poursuivant les vaincus.

Mais quelle faute!

Où sont donc nos escadrons?

Eh quoi! le sol est détrempé,

Les Allemands piétinent, enfoncent, courent à peine, et on ne les sabre point;

On ne leur coupe pas la retraite;

On laisse bénévolement le général Von der Tann quitter ses positions retranchées derrière la Mauve.

Ah quelle faute!

Ah quelle incurie!

Si le général Reyau s'était porté sur St-Pérary, avait donné le temps à Martin des Pallières de le joindre: c'en était fait du corps d'armée de Von der Tann.

Enfin qu'importe! la France est victorieuse!

Un cri d'enthousiasme sort de toutes les poitrines, mêlant au nom de la Patrie,

Celui de Gambetta!

LES PARTAGEUX

A *la Mémoire de Gustave Flourens*

> On aura beau le flétrir, il n'en est
> pas moins vrai qu'il est mort en héros,
> qu'il est mort convaincu.
> « Quand il n'y a pas de justice pour
> le peuple, le peuple finit par se faire
> justice lui-même. »

Encore un spectre rouge que l'on fait passer et re-
passer, devant les yeux des bourgeois :

Pour leur donner le cauchemar,

Pour les faire trembler,

Pour les rendre lâches.

Les partageux !

Où sont-ils ? Qui sont-ils ?

D'où nous viennent-ils ?

Moi, en fait de partageux,

Je n'en vois pas ;

Car les partageux sont de tous les siècles,

Ont leur raison d'être,

Équilibrent une nation :

C'est tout le monde, et ce n'est personne.

Les Partageux !! Eh bien ! mais ce sont tous ceux qui souffrent ;

Ce sont tous ceux qui meurent sous le poids du travail ;

Ce sont tous ceux qui sont gorgés, mais non regorgés ;

Ce sont tous ceux qui convoitent,

Qui ambitionnent,

Qui ne reculent devant rien, pour s'approprier le bien d'autrui.

Les Partageux sont donc, dans toutes les classes, et par cela même, composant l'élément de la nation, ils ne sont pas un parti.

Il y a les partageux du trône,

Il y a les partageux de l'autel,

Il y a les partageux de la misère,

Il y a les partageux de la haine.

Ouvrons donc l'histoire ; et depuis des siècles que voyons-nous ? si ce n'est que les partageux sont les empereurs, les rois, les princes et les évêques :

Tout ce qui est couronné,

Galonné,

Mitré;

Tout ce qui est fort,

Tout ce qui est grand.

Mais alors, si le peuple à force de souffrir,

Par l'exemple,

Par le raisonnement,

Par l'éducation,

Raisonne et se dit : Tiens, mais les partageux ce ne sont pas nous;

Les partageux, au contraire, ce sont eux.

Pourquoi donc ne le deviendrions-nous pas à notre tour ?

Tous les cousins royaux, malgré leurs accolades, leur parenté, se partagent le bien d'autrui;

Convoitent,

Accaparent :

Qui l'un, la Pologne,

Qui l'autre, l'Italie,

Qui l'autre, la Turquie,

Qui l'autre, la Belgique et la Hollande,

Qui l'autre, l'Alsace et la Lorraine,

Qui l'autre, la ligne du Rhin.

Et il nous serait défendu de rien convoiter, de rien accaparer !

Mais si c'est bon pour eux,

Ça ne doit pas être mauvais pour nous.

Et de là, la fermentation dans les cerveaux ;

De là, cette revendication de tous ceux qui souffrent ;

Qui payent l'impôt ;

Qui meurent au travail ;

Qui rendent une nation riche ;

Et qui désirent, à leur tour, un peu plus d'équilibre et de pondération dans la répartition du bien-être ;

Car enfin, la justice avant tout.

Le bourgeois est partageux, en convoitant les biens et les titres de la noblesse.

Le bourgeois n'a qu'un rêve : forcer la main aux nobles, afin de partager leurs écussons, leurs titres nobiliaires, tout enfin ce qui lui fait croire à la supériorité de cette classe sur lui.

Le clergé est partageux, puisqu'il se faufile partout, afin de se faire donner legs et aumônes, et cela : pour la plus grande gloire de Dieu !

Si donc, du haut en bas,

Si donc, du milieu de l'échelle sociale, les partageux grouillent, je ne vois pas trop pourquoi, on traiterait de partageux le peuple seulement.

Rien n'est plus partageux qu'un empereur ou un roi ;

Rien n'est plus partageux qu'un cardinal ou un ar-
chevêque,

Rien n'est plus partageux qu'un favori ou un
anobli;

Tous ceux-là sont sans cesse à l'affût,

> A la chasse,

> A la curée.

Tous les partis anti-républicains sont partageux...
du trône.

A ce compte, le peuple a donc le droit d'être partageux, de toutes ces bonnes choses qui lui passent
devant le nez,

> Devant les yeux.

> A la barbe;

Il a le droit de dire : Mais enfin, au bout du compte,
nous pouvons nous passer d'empereurs et de rois,
tandis que les empereurs et les rois ne peuvent pas se
passer de nous;

> Car c'est nous qui suons,

> Qui travaillons,

Qui fécondons le sillon,

Qui sommes légion,
Qui sommes force;

C'est nous qui faisons la nation, car noblesse,
clergé, armée, sortent de nos entrailles.

C'est la fille du peuple, qui fait quelques fois un
prince du sang.

Un empereur n'est rien moins, qu'un manant couronné,

Qu'un chef de manants, quoi!

Et ce serait nous qui serions les partageux;

Qui n'aurions même pas le droit d'aspirer à être
partageux :

Allons donc! chacun son tour.

Vous trouviez bon, il n'y a pas encore longtemps,
de nous partager les corvées,

De nous écraser d'impôts comme celui de la
gabelle,

De nous imposer le billet de confession,

De nous piétiner,

De nous museler,

De nous avilir,

De nous exploiter de toutes les façons.

Et aujourd'hui que nous réclamons,

Que nous redressons la tête,

Que nous crions Liberté,

Vous nous traitez de partageux !

Partageux de quoi, au bout du compte ?

Les nations et les royaumes ne se partagent, je
vous l'ai déjà dit, qu'entre larrons couronnés ;

Voir la Pologne, écartelée par trois partageux :

La Russie,

L'Autriche,

La Prusse ;

Voir le Danemarck, démembré aussi par deux autres, et ainsi de suite ;

Voir le clergé, qui a fait vœu de pauvreté : et qui possède, dans certains pays, le dixième de ce pays même ;

Voir la noblesse.....

La bourgeoisie...

Et dites-nous où sont les partageux ?

Qui les a créés ?

Viennent-ils d'en bas ou d'en haut ?

Allons donc ! farceurs !... laissez-nous en repos ; et si vous ne voulez plus de.partageux,

Commencez vous-mêmes, par n'être pas partageux !

UNE SCÈNE DE LA GUERRE

DANS LES VOSGES

Au citoyen Evariste Carrance,
président des Concours poétiques du Midi

A deux cents pieds de hauteur, sous un dôme de verdure, se balancent des panaches fleuris que le zéphir caresse.

Là, court le lierre, là, s'étagent des futaies ; au-dessus, des forêts de sapins montrent, sous leurs feuilles d'un roux bruni, une poussière argentée.

Plus loin, des massifs, au centre desquels s'élève tout un monde d'arbres majestueux, couronnent ces sites agrestes.

11.

Les mélèzes ploient en de verdoyants cerceaux, leurs dentelles découpées.

Sous des rameaux brillants, l'émeraude se mélange avec l'ocre, les bords s'amincissent colorés de deux teintes ; et de loin, on croirait à s'y méprendre, voir des mâts vénitiens garnis de leurs aigrettes.

Des nimbes, comme des feux d'artifice, pétillent et filtrent à travers les réseaux de cette flore majestueuse ; aussi l'azur de l'eau, a-t-il des reflets d'or et des miroirs ardents.

Le roc s'arc-boute ; car la rivière refoulée, pressée, murée, a fouillé quand même le granit ; aussi pénètre-t-elle sous terre, par des sinuosités profondes ; et là, où l'on croit voir le bord, il n'en est rien, car à côté est encore une ravine dans laquelle les eaux se perdent avec un murmure argentin.

Quel tableau féerique que ces deux immenses murs noircis par la main du temps, où, le long des crevasses, la terre charroyée par le vent, s'est incrustée ; aussi les plantes grimpantes se sont-elles enchevêtrées en d'immenses réseaux, escaladant la pierre sous leurs visqueuses vrilles. Là elles jettent leurs filets sur un sommet qui ploie, plus haut elles s'élancent et, enchevêtrées dans les mousses, elles retombent comme des gerbes d'artifice. Des troncs d'arbres renversés forment des ponts naturels, et sous ce dôme, l'azur, sombre par endroits, voit scintiller les rayons d'or du soleil, qui éblouissent ses habitants.

Qu'est-ce donc que cette femme qui prie agenouillée, un chapelet à la main?

Est-ce un fantôme?

Non: c'est la haine aux prises avec l'amour de l'humanité.

Regardez à ses pieds... voyez... un mourant!

Et ce moribond, à qui elle va fermer les yeux,

C'est un ennemi de son pays,

C'est un Prussien!

Eh bien! malgré la haine que cette femme a dans le cœur, l'amour de l'humanité l'emporte :

Elle prie,

Elle console,

Elle soigne le délaissé.

Regardez sa robe de laine; elle est couverte de boue et de sang.

Sa cape blanche est percée d'une balle,

Son chapelet même a perdu sa croix de cuivre;

Et quoique exténuée, mourante de faim,

Tremblante de fièvre,

Elle s'est arrêtée,

Elle a dit : C'est un homme ; et au nom du Christ, je ne dois pas le laisser mourir sans consolation.

C'est un ennemi, lui a répondu sa haine,

C'est un malheureux, lui a crié son cœur ;

Et elle s'est penchée ;

Elle a soulevé la tête du blessé ;

Elle a étanché le sang qui ruisselait ;

Elle a déchiré son mouchoir et en a fait de la charpie ;

Et le Prussien a ouvert les yeux,

A reconnu l'ange ;

Il a souri.

Où souffrez-vous ? a dit la sœur de charité :

Pas de réponse ; il a simplement remué la tête ;

Mais elle a compris : C'est au cou.

En effet, un trou béant, noirci par la poudre, a déchiré la chair.

Pauvre malheureux, s'est-elle écriée ;

Qu'il a dû souffrir !

Mais le Prussien s'est soulevé dans un effort suprême, et a fixé ses deux grands yeux vitreux sur les siens :

Des larmes ont perlé à ses paupières.

Emue de compassion, la sœur a été puiser à la rivière un peu d'eau qu'elle lui apporte, quand soudain des bruits de pas se font entendre.

— Qui est là ? cria une voix mâle et grave.

— Un mourant, répondit la sœur.

A ces paroles, les pins gémirent, des branches craquèrent, et une douzaine de francs-tireurs apparurent :

— Ah! nous le cherchions... Le voici! le voici!

— Arrière! cria la sœur, en se jetant au-devant du moribond. Eh quoi! vous voudriez l'achever?

— Sortez de là ou nous ne répondons pas de vous.

— Je ne le quitterai pas... vous me tuerez plutôt.

— C'est un Prussien... ma sœur.

— C'est un blessé... mes frères.

— Qu'importe! blessé ou non, il nous faut sa vie.

— Au nom du Christ, pitié!

— Ont-ils pitié de nous?

— Ce n'est pas une raison de rendre le mal pour le mal.

Et, couvrant le Prussien de son corps, elle attendit.

Devant un tel héroïsme, les francs-tireurs relevèrent le canon de leurs fusils.

— Eh bien, soit! ma sœur sauvez-le... mais pour Dieu, que dans une heure d'ici, nous ne l'y trouvions pas.

La brave sœur se leva, et traînant le moribond, elle l'amena à une grotte que l'on voyait près de là :

— Attendez, je reviens.

Et quoique harassée,

Emue, encore tremblante,

Elle partit comme un trait, au village le plus proche, ramenant avec elle quelques gars vigoureux, qui portèrent le blessé jusqu'à une ambulance.

Là alors elle pâlit,

S'affaissa,

Et s'évanouit en disant :

J'ai fait pour lui ce que le Christ eût fait !

LA MARSEILLAISE DE 1893

A *la Mémoire de Rouget de l'Isle*

Marseillaise !
Cri de haine et de vie,
Chant de gloire et de vengeance,
A nous, à nous, à nous.
Marseillaise ! Marseillaise !
Fais tressaillir nos cœurs,
O fais bondir nos seins ;
Marseillaise ! Marseillaise !
Chant de délire et de défi,
O fais-nous frissonner d'amour pour la patrie !

France ! France ! France !

Cri éternel de tous ceux qui tombent pour la justice
et la liberté.

O Marseillaise chérie !

Toi qui fais frémir les tyrans et les Césars,

Salut ! salut ! salut !

« Allons enfants de la Patrie...

Levez-vous !

Venez venger la France,

Le foyer envahi.

Alsace !

Lorraine !

C'est l'heure de la délivrance.

Oh ! tendez-nous les bras !

Nous voici ! Nous voici !

Dans le sillon le sang peut couler,

C'est la victoire,

C'est la vengeance !

O vengeance ! o vengeance !

Pour Bazeilles !

Pour Chateaudun !

A nous, les braves,

A nous, les enfants de Paris !

Le sol tremble ;

Le salpêtre en furie, a embrasé l'atmosphère :

« Allons, enfants de la patrie, le jour de gloire est
arrivé ! »

     Enfin ! !

O Dieu des combats, prête-nous ton bras vengeur.

Rouget de l'Isle debout ! viens à nos côtés,

  « L'étendard sanglant est levé ? »

Nous tomberons comme sont tombés nos ancêtres,

    Mais nous crierons :

    Victoire ou la mort !

  Ah ! plus de Césars, ni d'Empereurs ;

    De Rois, ni de tyrans.

    Liberté, Liberté chérie,

  Soutiens, dirige nos bras vengeurs !

    La France est virile ;

    La France s'est transformée.

Dans le sang de ses fils, elle a puisé de la force ;

    Elle a crié : Alsace !

    Elle a crié : Lorraine !

Alsace et Lorraine, qui gémissez toujours.

« Allons, enfants de la patrie, délivrez-les de leurs
oppresseurs !

    Le canon gronde,

    Le tocsin sonne,

Que tout ce qui a du sang et du cœur, vienne à la
patrie en deuil.

En avant ! en avant !

O France ! ô France , debout !

Montre-leur le chemin de la victoire.

« Allons, enfants de la patrie,

Redemandons nos drapeaux et nos villes !

A Berlin ! cette fois, à Berlin,

Au bruit de.la mitraille,

Français, chantons la gloire !

Il faut mourir ou vaincre;

Il faut être esclaves ou maîtres.

République ! si tu n'as pas su nous donner les héros de 93, c'est que nous sommes indignes d'être un grand peuple.

Mais non ; l'Alsace est délivrée;

La Lorraine combat;

L'Allemagne est vaincue ! ! !

O délire suprême, empare-toi de nos âmes !

Et que la France, victorieuse et libre, entonne l'hymne saint et glorieux,

L'hymne de Rouget de l'Isle :

La *Marseillaise* de 93.

Paris, 9 juillet 1879.

LE MARÉCHAL BAZAINE

ET LA CAPITULATION DE METZ

Au citoyen Pierre Alype
Rédacteur du Journal d'Outre-Mer

Il y a des figures sympathiques, qui attirent, qui
s'imposent; il y en a d'autres, au contraire, qui
repoussent, qui laissent une mauvaise impression.
De celles-là est la figure de Bazaine.
Étudiez bien la face,
Scrutez la physionomie,
Et vous y verrez une ambition malsaine,
Démesurée,
Incommensurable.
Vous y verrez le calcul froid,
L'orgueil du commandement,

Le désir d'arriver quand même.

Vous y verrez un mélange d'astuce et de bonhomie :
l'insouciance du soldat, greffée sur l'hypocrisie du
jésuite.

Mauvaise doublure dans un commandant d'armée,

Puisqu'elle mène à commettre des actes, qui sont
des crimes, tels que :

Laisser fusiller un prince comme Maximilien ;

Faire démembrer sa propre patrie.

Ah oui ! Bazaine aura à rendre compte à la pos-
térité de deux grands crimes :

La mort de Maximilien,

Et la reddition de Metz.

Ces deux dates lui serviront de rosette à la bouton-
nière ;

Ce sera sa légion d'honneur du crime ;

Ce sera son châtiment.

Ainsi donc, voilà un homme qui laisse assassiner
froidement un prince en quelque sorte son maître,

Un prince, l'hôte de la France ; laquelle lui avait
promis aide et protection ;

Lui avait assuré la possession de la couronne du
Mexique ;

Qui n'était parti que sur la foi des traités ;

Et qu'on laisse, devant une menace du secrétaire d'État Stewart, fusiller lâchement.

Et c'est à cet homme que l'on confie Metz ! Metz, la clef de la France !

Metz, le boulevard de l'invasion !

Ah ! quelle folie,

Quelle ineptie,

Quel crime !

Aussi, après avoir paralysé l'élan de ses soldats,

Après les avoir énervés, découragés, affamés, s'écriait-il, dans une proclamation indigne :

« Vaincus par la famine, nous sommes contraints de subir les lois de la guerre en nous constituant prisonniers. A diverses époques de notre histoire militaire, de braves troupes, commandées par Masséna, Kléber, Gouvion-Saint-Cyr, ont éprouvé le même sort, qui n'entache en rien l'honneur militaire, quand, comme vous, on a aussi glorieusement accompli son devoir jusqu'à l'extrême limite humaine.

Tout ce qu'il était loyalement possible de faire pour éviter cette fin a été tenté et n'a pu aboutir.

Quant à renouveler un suprême effort pour briser les lignes fortifiées de l'ennemi, malgré votre vaillance et le sacrifice de milliers d'existences, qui

peuvent encore être utiles à la patrie, il eut été in-
fructueux, par suite de l'armement et des forces
écrasantes qui gardent et appuient ces lignes ; un
désastre en eût été la conséquence.

Soyons dignes dans l'adversité, respectons les con-
ventions honorables, qui ont été stipulées, si nous
voulons être respectés comme nous le méritons.

Evitons surtout, pour la réputation de cette armée,
les actes d'indiscipline, comme la destruction d'armes et de matériel, puisque, d'après les usages militaires, place et armement devront faire retour à la
France lorsque la paix sera signée.

En quittant le commandement, je tiens à exprimer
aux généraux, officiers et soldats, toute ma reconnaissance pour leur loyal concours, leur brillante
valeur dans les combats, leur résignation dans les
privations, et c'est le cœur brisé que je me sépare
de vous. »

Ah scélérat ! c'est le cœur brisé que tu trahis ta
patrie ;

C'est le cœur brisé, que tu fais hisser le drapeau
parlementaire, comme Napoléon, ton maître, le faisait sans doute à Sedan.

Et tu veux que l'on te croie ;

Et tu veux que l'histoire l'admette ;

Allons donc !...

A la nouvelle de l'acte que tu avais commis,

La France renversée, s'est redressée et t'a crié par la voix du peuple, la voix de Dieu :

Infâme !

Tu as vendu ta patrie,

Tu l'as trahie,

Tu as transigé avec l'ennemi ;

Trahison et transaction que l'empire t'avait ordonnées et que tu avais acceptées,

Toi, l'ambitieux,

Toi, l'orgueilleux,

Toi, le maréchal de France, visant au gouvernement suprême du pays, durant la régence.

Et tu oses dire que tu as fait ton devoir ;

Tu oses mettre en avant les noms illustres de Masséna et de Kléber !

Ah ! ne les ternis pas,

Ne les salis pas,

Laisse-les dormir en paix, ces soldats du devoir ;

Ce sont eux, qui ont glorieusement servi la France ;

Ce sont eux qui savaient vaincre l'ennemi et capituler avec honneur.

Mais toi, Bazaine, qu'as-tu fait ?

Nouveau Judas, tu as livré ta patrie à l'ennemi,

Tu as livré une armée entière,
Ses drapeaux et ses armes ;
Tu l'as accusée,
Tu l'as vilipendée,
Croyant te blanchir,
Croyant te faire absoudre.

Mais dussent les flots de la mer te passer sur le front, que le stigmate qu'il porte, y resterait encore, ne s'effacerait jamais.

Ah ! justice divine !
Tu as vengé Maximilien,
Tu as vengé l'impératrice Charlotte ;
Tu as mis à nu la lèpre qui rongeait l'empire, et que Bazaine avait au cœur.

Tu l'as dévoilé,
Tu l'as marqué,
Tu l'as écrasé ;

Et quand relevant la tête, devant le mépris universel, il s'est écrié :

« Que l'on me juge...
La France frémissante a répondu :
Tu es tout jugé ! ! !

. . . .

. . . .

. . . .

P. S. C. Si nous jugeons l'homme par les faits, ne sommes-nous pas en droit de dire :

Puisque Bazaine n'a pas reculé, devant l'acte infâme qui livrait la France à l'ennemi,

Puisque, avant la patrie, il y avait le parti, lequel parti a fait sacrifier la patrie,

Il a dû en être de même pour Maximilien qui a été sacrifié devant les menaces des États-Unis, et devant l'ambition du maréchal.

Et tant que l'histoire,

Tant que les documents ne relèveront pas le contraire, Bazaine aura à charge, de n'avoir pas fait tout ce que l'humanité lui commandait, pour sauver Maximilien.

LE VOILE NOIR DE LA FRANCE

*Au citoyen J. Ferry, Ministre de l'Instruction
publique*

> La patrie vous saura gré d'avoir
> essayé de l'écarter.

Il y a un grand crêpe de deuil qui flotte depuis des
siècles sur la France.

Est-ce un brouillard?

Est-ce un nuage ?

Est-ce une fumée?

Non; c'est une robe de laine dans les plis de laquelle grouille tout un monde d'audacieux.

Sont-ils français?

Je ne le sais ;

Mais ce qu'on dit partout,

C'est qu'ils sont hors la loi.

Pour eux, la religion du Christ est le code ;

Mais entendons-nous : la religion du Christ, inter-
prétée selon leurs besoins, leurs désirs, leurs appétits, leur but à atteindre.

> Cette religion divine,
>
> Cette religion suprême,
>
> Cette morale pure,
>
> Ces maximes saines,

Ont dévié de leur source, pour s'interpréter d'une
façon qui n'a rien de divin,

> Rien de suprême,
>
> Rien de pur,
>
> Rien de sain.

Voilà pourquoi il faut de nouveau que la France
prenne garde ;

> Il faut de nouveau que la France s'écrie :
>
> Halte-là ! Qui êtes-vous ?

Il faut que la France secoue cette robe noire,
et sache bien ce que contiennent les plis et replis de
ce drapeau.

> C'est son droit ;
>
> C'est son devoir !
>
> Jésus enseignait la morale,
>
> Jésus enseignait la vertu ;

Jésus enseignait la pratique de cette vertu et de cette morale :

Par la conviction,

Par la douceur,

Par l'exemple;

Mais jamais par la menace,

Ni par la force.

Or, pourquoi de tout temps, les soi-disant disciples du Christ n'ont-ils voulu enseigner ni par la conviction, ni par la douceur, ni par l'exemple, mais par la force, mais par la protection?

Ah! c'est que préférant prendre à César ce qui était à César, et ne pas rendre à Dieu ce qui était à Dieu, ils se sont mis hors la loi ;

Hors la loi du Christ ;

Hors la loi commune, aujourd'hui qu'il n'y a plus de César.

L'enseignement des préceptes de l'évangile a amené l'enseignement des connaissances usuelles; et l'enseignement des connaissances usuelles a amené l'enseignement de la haine, pour tout ce qui n'était pas clérical ou divin.

Eh bien, non! C'est ce qu'il ne faut pas.

Eh bien, non! C'est ce qui ne sera pas, dans une

République, où tous les citoyens doivent, avant tout, connaître les lois de leur Patrie.

Tant que l'enseignement religieux ne sera que religieux, on l'admettra, on le sanctionnera;

Mais du moment qu'il deviendra :

Anti-patriotique,

Funeste,

Menaçant,

On le combattra;

On l'extirpera.

Ce que veut la France, avant tout, ce ne sont pas des congréganistes ou des disciples de Loyola ; mais des citoyens.

C'est donc au gouvernement, d'imposer l'enseignement nécessaire pour atteindre ce but;

Lui, qui met le Code avant l'Évangile ;

Le Tribunal, avant l'Église;

La Patrie, avant Dieu ;

Et qui crie à chacun : hors la Patrie point de salut!

Franconville, 27 decembre 1879.

L'APOTHÉOSE D'UN CÉSAR

Au citoyen Edouard Lockroy

Napoléon III livrait à l'ennemi sa personne... sale personne..... ancien mouchard ;
      Rien à dire ;
Mais il livrait aussi un maréchal de France qui n'avait pas appris à mourir :
      C'est malheureux !
   Trente-neuf généraux ; c'est indigne !
Deux cent trente officiers d'État-Major (*l'État les avait sans doute payés pour ça*).
   Deux mille quatre-vingt quinze officiers,
      Que dire?

Sinon, que la pourpre du maître avait déteint sur l'épaulette;

Quatre-vingt quatre mille quatre cent trente-trois sous-officiers et soldats... et que les épaulettes avaient déteint sur les galons;

Les galons sur le reste.

Silence!!!

Pleure, ma France!

Mais tu le méritais.

On ne se donne pas,

On ne se livre pas à un aventurier couronné, botté, sanglant, sans lui crier :

Qui es-tu ?

D'où viens-tu ?

Que désires-tu?

Si tu l'avais pris par la nuque,

Si tu l'avais consciencieusement examiné,

Tu lui aurais dit :

Tu n'as rien de royal ;

Tu n'as rien d'impérial ;

Rien de noble ;

Rien de grand ;

Va-t'en !

Des aventuriers de ta trempe, on en trouve sans aller ni en Corse ni en Hollande.

La boue est partout :

Surtout dans les égoûts ;

Va donc régner à Londres dans les miasmes et les brouillards,

Et l'Angleterre t'aurait répondu : Merci ! Gardez le cadeau pour votre usage.

Nous l'avons gardé aussi ;

Nous avons eu vingt années de turpitudes, de saletés et de césarisme ;

Et pour apothéose :

Sedan ! !

Cette guerre n'est pas mon œuvre : disait le couard à Bismarck et au roi de Prusse.

A qui est-elle donc ?

— A ta femme.

Mais on ne dénonce pas une femme..... surtout, quand cette femme est la vôtre.

Ce n'est pas ta guerre... Non !

C'est celle du peuple, parbleu !

C'est lui qui t'a forcé la main,

C'est lui qui t'a fait empereur de force,

C'est lui qui t'a traîné à Sedan. n'est-ce pas ?

Ah bandit !

C'était aussi le prince Frédéric Charles, qui avait décidé du sort de la journée, n'est-ce pas ?

12.

Plat courtisan !

Frédéric Charles ! Il était avec sept corps d'armée devant Metz.

Celui-là, couchait tout botté, comme un soldat;

Au besoin, il aurait su se faire tuer ;

Il aurait su être, ce que tu n'as jamais été : un homme.

Ah France ! Il y a quelque chose de terrible, c'est cette maxime :

« Une nation n'a jamais à sa tête, que l'homme qu'elle mérite. »

J'ajoute : que l'homme qu'elle supporte.

Tu as supporté les vilenies d'un laquais-César :

Il t'a donné Sedan.

Tu es à plaindre ;

Mais tu es coupable.

Tu as adoré, vingt ans, le veau d'or;

L'ordure a couronné son règne.

C'est dur; mais c'est comme ça !

La vérité est une;

Un crapuleux ne fait pas un honnête homme.

Cet homme-là dormait, tandis que, des collines de Gironne, des bois de la Garenne, du ruisseau de la Moselle, sortaient des râles qui faisaient frissonner;

Tandis qu'on assassinait les habitants de Bazeilles,
pour trop de patriotisme ;

Cet homme-là dormait quand la France sanglante
criait :

> Enfants, aux armes !
>
> A moi, au secours !
>
> Il dormait ! ! !

Et le lendemain, étendu dans une calèche, une
cigarette entre les doigts, il traversait la ville pour
aller se rendre.

> Te rendre ! !

Ah ! c'est ce que la France ne te pardonnera jamais.

> Te rendre ! !
>
> Aller implorer la pitié ;
>
> Aller mentir impunément :
>
> Un Napoléon !
>
> O grâce ! grâce, Seigneur !
>
> Ta main fut bien cruelle ;
>
> Mais c'est ta justice !
>
> Devant le crime et l'astuce,
>
> Devant ce laquais-César,
>
> Tu n'avais qu'à le laisser faire :
>
> Qu'à le laisser capituler !

LA COMMUNE

Au citoyen Henri Rochefort (en souvenir de
LA LANTERNE)

> S'il a depassé son but, au moins...
> il l'a atteint.

La Commune est le résultat de vingt années
    De Césarisme,
    D'iniquités,
    De compression,
    D'exaspération.
C'est la soupape de sûreté d'un peuple, qui, ne
fonctionnant plus, comprime toutes les passions au
point de faire sauter la machine,
    Et cette machine : c'est la France.
    C'est la France, qui a failli sauter, grâce à l'Empire.

Eh quoi! On peut donc impunément : museler, garrotter, piétiner, salir un peuple, sans que l'âme et le cœur de ce peuple ne protestent ?

La Commune a été la réprobation des actes d'un César.

Quand on est outragé, on se révolte ;

Quand on souffre, on ne raisonne pas ;

On se venge.

L'Empire fusillait les ouvriers en grève,

L'Empire déportait les républicains,

L'Empire condamnait tous ceux qui criaient :

Liberté, Egalité, Fraternité ;

Tous ceux qui fredonnaient la *Marseillaise.*

L'Empire avili, avilissait : armée, justice, pays ; il gagnait le Sénat, et faisait du député... son député.

Il posait son talon sanglant et boueux sur la gorge du peuple en lui criant :

Liberté... de te faire tuer,

Egalité... dans la misère,

Fraternité... dans le vice.

Et le peuple répondait : vengeance !

Cette vengeance : c'est la Commune,

Qui est sortie bottée,

Cravache en main,

Pour fusiller Clément Thomas et Lecomte, en criant:

Plus d'armée qui nous fusille ;

Pour jeter à bas monseigneur Darboy, en criant :

Plus de clergé qui nous exploite ;

Pour faire flamber les Tuileries, en criant :

Plus de repaire pour les Césars.

Assez ! Assez ! Assez !

D'exploiteurs et d'assassins. Assez !

Et vous trouvez drôle que comme une avalanche, toutes les passions d'un peuple — qu'on a souillé et gangrené — se soient soulevées tout à coup ?

Allons donc !

On ne se moque pas de la justice, de la liberté, de la religion ;

De tout ce qu'il y a de noble et de sacré, sans que la conscience humaine ne se récrie.

La Commune a été cette revendication ;

Elle a été le cri d'exaspération,

Le frisson d'un peuple qui souffre ;

Elle a voulu se passer de maître,

Et être le maître à son tour.

A qui la faute ?

A l'Empire,

Et à tous ces partis fourbus, décrépits, d'un autre siècle qui crient :

La Dîme,

La Corvée,

La Gabelle,

La Contrainte,

Le Drapeau blanc,

L'Examen de conscience,

Les Dragonnades,

L'Inquisition.

Elle n'a pas réussi ; on l'a noyée dans une mare de sang :

Eh bien ! qu'est-ce que cela prouve ?

Que le peuple a le courage de ses actes,

Quand les Césars n'ont même pas celui de leur lâcheté:

Voir Sedan et autres...

Donc, la Commune n'est pas un parti ;

C'est l'assemblage de tous ceux qu'on a forcés à se révolter,

Qu'on a insultés,

Qu'on a thésaurisés,

Qu'on a souillés,

Au nom de l'Empereur, au nom de la force ;

Mais pas au nom du Droit.

La Commune est une protestation :

C'est le cri d'une société qui rugit,

D'une société de prolétaires

Et d'affamés ;

C'est un coup de pied au trône et à l'autel.

Si elle a fusillé Chaudey, c'est en souvenir de la presse Napoléonienne,

De cette presse à pression,

A compression,

A Césarisme ;

Si elle a proclamé la liberté en tout et pour tout,
C'est qu'on la lui avait enlevée depuis

Vingt ans ;

Si elle a assassiné,

C'est que l'Empire s'était fondé sur l'assassinat ;

Si elle a pris des otages,

C'est que le peuple a toujours servi d'otage :

Voilà pourquoi la Commune n'est pas un parti, mais un parti pris de tous ceux qu'on a rendus haineux ;

Voilà pourquoi, tant que vous aurez la compression par en haut, vous aurez la dilatation par en bas ;

Et cette dilatation, c'est l'explosion à terme.

Vous ne voulez plus avoir de Commune,

Ni les excès commis par cette Commune :

N'ayez plus de César... ni les excès commis par ce César ;

Alors le peuple n'aura rien à revendiquer,

Rien à vénger,

> Rien à fonder ;
> Le peuple sera maître :
> Et le César, ce sera lui !

P. S. C. — Si la Commune a renversé la colonne Vendôme, c'est que l'Empire en avait fait un perchoir pour ses aigles, grands et petits ;

C'est qu'il en avait fait un piédestal-réclame

C'est qu'on avait remplacé la statue du petit caporal par un dictateur romain, qui n'avait rien de français ;

C'est qu'enfin, dans son exaltation, le peuple ne voyait dans cette colonne, qu'un trône de bronze ensanglanté :

Le trône des deux Césars !

L'HYMNE DU SERMENT [1]

A *la mémoire de mon oncle, Auguste Ralu*
mort à la Pointe-à-Pitre, en 1870

Non, tu ne garderas pas
La Lorraine et l'Alsace,
Non, tu ne garderas pas
Ces lambeaux de la France,
Entre tes serres sanglantes.
    Non, non, non, etc.
Ces lambeaux ne resteront
Sous le joug étranger ;
Nous le jurons, jurons, jurons,
A la face de l'Europe entière,

1. Paroles et musique de l'auteur.

Nous le jurons, jurons, jurons,
Sur les cadavres de nos enfants,
Oui, de rendre à la patrie libre,
La Lorraine et l'Alsace,
Et ses trésors et sa puissance.
    Oui, oui, oui, oui, etc.
Nous le jurons sur notre honneur.

Non, tu ne garderas pas
Ces ruines jadis françaises,
Non, tu ne garderas pas
Ces forts et ces bastions,
Entre tes serres sanglantes.
    Non, non, non, etc.
Ces débris ne resteront,
Sous le joug étranger,
Nous le jurons, jurons, jurons,
A la face de l'Europe entière,
Nous le jurons, jurons, jurons,
Sur les cadavres de nos enfants,
Oui, de rendre à la patrie libre,
Ses forts et ses bastions
Et ses trésors et sa puissance.
    Oui, oui, oui, oui, etc.
Nous le jurons sur notre honneur.

Non, tu ne garderas pas
Nos canons ni nos armes,
Non, tu ne garderas pas
Ces héroïques trophées,
Entre tes serres sanglantes.

    Non, non, non, etc.

Ces trophées ne resteront
Sous le joug étranger.
Nous le jurons, jurons, jurons,
A la face de l'Europe entière,
Nous le jurons, jurons, jurons,
Sur les cadavres de nos enfants,
Oui, de rendre à la patrie libre,
Ses héroïques trophées
Et ses trésors et sa puissance.

    Oui, oui, oui, oui, etc.

Nous le jurons sur notre honneur.

Non, tu ne garderas pas
Nos drapeaux tricolores,
Non, tu ne garderas pas
Ces insignes de l'honneur,
Entre tes serres sanglantes.

    Non, non, non, etc.

Ces insignes ne resteront,

13.

Sous le joug étranger,
Nous le jurons, jurons, jurons,
A la face de l'Europe entière,
Nous le jurons, jurons, jurons,
Sur les cadavres de nos enfants,
Oui, de rendre à la Patrie libre,
Ses glorieux étendards
Et ses trésors et sa puissance,
    Oui, oui, oui, oui, etc.
Nous le jurons sur notre honneur.

Non, tu ne garderas pas
Les dépouilles de la France,
Non, tu ne garderas pas
L'épargne de tout un peuple,
Entre tes serres sanglantes.
    Non, non, non, etc.
Ces dépouilles ne resteront
Sur une terre étrangère.
Nous le jurons, jurons, jurons,
A la face de l'Europe entière,
Nous le jurons, jurons, jurons,
Sur les cadavres de nos enfants,
Oui, de rendre à la patrie libre,
Ses dépouilles et sa gloire,

Et sa puissance et ses frontières.
 Oui, oui, oui, oui, etc.
Nous le jurons sur notre honneur.

Non, tu n'effaceras pas
Des feuillets de l'Histoire,
Non, tu n'arracheras pas
Du pilori des siècles,
Bazeilles et Châteaudun.
 Non, non, non, etc.
Dans nos cœurs, sur le bronze,
Nous les graverons sanglants,
Nous le jurons, jurons, jurons,
A la face de l'Europe entière.
Nous le jurons, jurons, jurons,
Sur les cadavres de nos frères d'armes,
Oui, de jeter à chaque écho,
Paris, Metz, Strasbourg,
Et les forfaits de l'invasion.
 Oui, oui, oui, oui, etc.
Pour en appeler à nos enfants.

Amour, amour sublime
De tes fils, ô chère France,
Amour, amour sacré,

On ne t'étouffera pas
En Lorraine ni ailleurs,
   Non, non, non, etc.
Cet amour te restera,
Sous le joug étranger,
Nous le jurons, jurons, jurons,
Pour nos vaillants frères Alsaciens,
Nous le jurons, jurons, jurons,
Pour les héros de la Lorraine,
Oui, de rendre à la patrie libre,
Son prestige d'autrefois
Et ses trésors et ses frontières.
   Oui, oui, oui. oui, etc.
Nous le jurons sur notre honneur.

L'EXPIATION

A la mémoire du citoyen Victor Noir

Qui êtes-vous, Monsieur,
Et que me voulez-vous ?

— Qui je suis? ô madame! un spectre... une ombre... un souvenir pour vous... une tache de sang pour d'autres.

— Pour..... Pierre !!

— Oui, pour Pierre Bonaparte.

— Ciel! quoi!... vous seriez... oh non!... c'est impossible !!!

— Si, Madame, je suis bien..... Victor Noir !

. . . .

. . . .

— Et que me voulez-vous?
— Vous parler.

— J'écoute Monsieur.

— Vous pleurez aujourd'hui, vous êtes veuve, vous
êtes seule.

Plus de tous ces courtisans,

Plus de trône... plus rien...

Que le passé, Madame, qui se dresse devant vous...
Que Sedan!!

— Le passé !!!

— Oui, Madame, le passé est à nous, l'avenir... à
Dieu seul !

Et c'est votre passé que je veux vous rappeler...
vous tremblez... ah ! il est trop tard. Pleurez, Madame,
pleurez des flots de larmes, car il y en a une autre qui
pleure depuis neuf ans, une femme comme vous, une
femme bien plus à plaindre.

— Cette femme ?

— Cette femme..... Madame, c'est la France !

C'est la France, pleurant l'Alsace et la Lorraine.

C'est la France, sanglotant pour ses milliers d'enfants. . . . .

— Oh grâce ! Monsieur, grâce !!

J'ai été frappée aussi.

— Oui ; frappée deux fois... deux fois frappée au
cœur ; pour Paris capitale, et pour la France ensuite :

Dans votre mari et dans votre fils.

. . . .

— O mon fils ! ô Seigneur ! Seigneur, rendez-le
moi!!!

— Rendez-nous, ô Madame, l'Alsace et la Lorraine !

— Pitié ! Pitié ! Pitié !

— Avez-vous eu pitié de la France, Madame ?

— Oh ! je ne savais pas.

— C'est encore votre tort, vous deviez savoir, vous
deviez réfléchir.

— A quoi donc?

— Aux conséquences terribles de votre guerre
Madame.

— Ma guerre !

— L'histoire est là « C'est ma guerre à moi » ma
guerre, avez-vous dit.

— J'étais folle, alors.

— Aussi Dieu a frappé.

> Le père dans son honneur,
>
> La mère, dans son enfant.

Il a décapité, d'un seul coup à jamais, le trône ensanglanté des Napoléons.

— Oh ! quelle souffrance atroce ! oh ! quelle lente
agonie !

— Vous ne souffrez, Madame, que ce que souffre toute mère qui a perdu son fils; la plus à plaindre ce n'est pas vous, c'est la France... c'est l'Alsace... c'est la Lorraine... c'est... moi !!

Moi, enfant du peuple... assassiné lâchement,
Moi qui, comme ambassadeur, devais être respecté.

— Je vous ai plaint, Monsieur.

— Oh! ce n'est pas moi qu'il fallait plaindre, Madame... c'était ma fiancée... c'étaient mes vieux parents.

— Que faire, ô Dieu que faire?

— Pleurer, Madame, pleurer toutes les larmes de votre corps, pour effacer le sang que la France a versé.

— Je ne puis plus pleurer... mes larmes se sont taries.

— Eh bien, priez alors, priez Dieu pour votre fils.

— Louis! mon Louis!! ô qui me le rendra! mourir loin de tous... sans un visage ami... tomber ensanglanté, sous le fer des sauvages !!!

— O Madame! bien d'autres sont aussi tombés, le jour du Coup d'Etat... de tout petits enfants ont été frappés sur le sein de leurs mères, et celles-là... n'oublient pas.

— Sortez, sortez d'ici, vous me torturez trop !

— C'est Dieu qui a frappé... ce n'est pas moi, Madame.

— Mais qu'ai-je fait, qu'ai-je donc fait pour être frappée ainsi?

— Qu'avaient donc fait les autres ?

— Je n'en sais rien... mais me prendre à la fois, mon mari et mon fils!... mon fils!!... mon fils unique!

Ah! je maudis le jour où ma mère me conçut !

— Il est trop tard vous dis-je; le passé... c'est l'histoire... il fallait une victime innocente et sans tache... il fallait un holocauste a Dieu;

Dieu a pris votre fils, c'est sa justice, Madame.

— Vous en avez menti !!

— Menti, soit!... mais pleurez... priez... priez toujours... vous n'avez pas fini... de souffrir et d'expier.

— Quoi ?

— Les crimes de votre mari.

— Insolent !!

— La souffrance vous exaspère ; je vous plains à mon tour, mais je n'oublie pas.

— Sortez! sortez, Monsieur.

— Oh! j'ai fini, Madame... car votre calvaire commence; il vous fallait une guerre, une guerre qui fût à vous... vous l'avez eue... n'est-ce pas?

Une guerre vous prend votre fils,
Courbez-vous, Madame !
A genoux, priez Dieu ;
C'est le glaive de la loi,
C'est la justice divine !

.   .   .   .

.   .   .   .

— A moi ! A moi ! ! J'étouffe !

Quel cauchemar ! O ciel ! ! ! Victor Noir ici... près de moi ?

Non... c'est un rêve... ah ! je tremble encore !

Mon pauvre Louis ! ! !

Pitié ! Pitié ! Pitié !...

(*Elle s'évanouit*).

Paris, le 27 juin 1879.

MONSIEUR ÉMILE DE GIRARDIN

Homme complexe,
Homme énigme,
Homme sphinx.
Alliage de bonapartisme, de cléricalisme, d'orléanisme et de républicanisme à l'état latent,
C'est le caméléon des partis.
Il change comme le temps :
Il est libéral aujourd'hui,
Demain... Quoi ?
En vérité, c'est un problème que la vie de cet homme, qui aura passé son temps à défaire le lendemain, ses travaux de la veille ;
A stigmatiser ce qu'il aura encensé;
A faire oublier ses services :
Et tout cela... par conviction.

Oui, car je crois Monsieur Émile de Girardin, un très honnête homme :

Mais un homme dangereux,

Un homme sur lequel il ne faudrait pas prendre modèle,

Un homme comme il n'en faudrait pas beaucoup dans un pays, pour lui faire voir tout, à l'envers...

Quitte à lui faire voir ensuite tout, à l'endroit.

> Publiciste distingué,
>
> Esprit éminent,
>
> Profond penseur,

A quoi lui auront servi toutes ces qualités, si ce n'est à se contredire lui-même,

> A s'annihiler,
>
> A s'enchaîner,

A donner au peuple l'exemple de toutes les défaillances et de tous les courages,

> A se faire glorifier,
>
> A se faire pardonner.
>
> Étrange nature !

Il y a un défaut d'équilibre dans cette organisation ;

Il y a un enthousiasme enfantin ;

> C'est un grand feu de paille.

Et pourtant, ses idées sont justes, son cœur est pavé de bonnes intentions.

Il est prêt à édifier un trône en même temps qu'une république,

Quitte à les renverser tous deux après.

Il a été partisan de l'empire; et il l'a éreinté ensuite.

C'est tout de même compromettant une organisation pareille :

Une organisation qui voit blanc aujourd'hui, rouge demain, bleu après demain ;

Qui vous fait croire à une chose,

Qui vous la dépeint,

Qui vous la prouve;

Et qui vous dépeint et prouve le contraire, un instant après.

Que diable! pourtant on ne peut pas passer son temps à l'état de girouette.

Le peuple tiraillé à droite,

Tiraillé à gauche,

Tiraillé par en bas,

Tiraillé par en haut,

Finirait, avec de tels hommes, par ne plus croire à rien, par douter de tout.

Que l'on ait ses convictions;

Que l'on en quitte une pour en prendre une autre, soit ! c'est le droit de tout le monde;

Chacun peut se tromper.

Mais que, comme un habit d'Arlequin, on se crée une politique de nuances,

De lambeaux,

Pour s'en revêtir ensuite, quitte à en détacher chaque jour un parement,

A en changer une couleur,

A en ajouter une :

Ce n'est pas possible,

Ce n'est pas sérieux.

Un homme, qui a trop de convictions, finit par ne plus convaincre :

Excès en tout ne vaut rien.

Même pour votre dignité, il est pénible d'aller flatter aujourd'hui, celui que vous flagellerez demain;

D'aller l'élever pour l'abaisser ensuite.

Quand on sait que l'on a ce tempérament, on suit une hygiène :

Oe se fait traiter,

On se défie de soi ;

Car enfin, on ne peut pas, pêle-mêle, à tort et à travers, à la don Quichotte, briser des moulins, pourfendre des meules, combattre des idées; lesquels moulins, meules et idées vous réédifiez ensuite, avec le plus grand sang-froid, comme si de rien n'était !

Alors, pourquoi tant de non-sens ?

Pourquoi cherchez-vous à éclairer le peuple, puisqu'un instant après vous soufflez sur cette lumière que vous avez vous-même allumée ?

Pourquoi vous récriez-vous contre les abus d'aujourd'hui, puisqu'ils seront peut-être défendus par vous demain ?

Ah! mon Dieu! ayez donc un peu plus de fixité dans les idées ;

Arrachez de votre habit ces basques d'arlequin;

Ayez la conviction de vos écrits !

N'ayez qu'un seul drapeau,

Qu'une seule parole,

Qu'un seul maître ;

Et si c'est le peuple, servez-le fidèlement jusqu'au bout; car savez-vous ce que dira l'histoire ?

Elle dira : Émile de Girardin avait tout ce qu'il fallait pour être un illustre citoyen, mais avec toutes ces qualités, il n'est arrivé... à rien; parce que l'on ne fonde rien de durable,

Rien de stable,

Rien de grand,

Avec des idées qui, quoique grandes, ne sont ni durables, ni stables.

PAUVRE FRIQUET

Aux enfants du peuple

> De ce peuple des faubourgs,
> des faubourgs de Paris.

Friquet était un gamin de Paris, jeté en pleine Invasion dans l'Alsace (son oncle étant Alsacien).

Friquet était grêle, pâle, nerveux, mais plein d'entrain et de verve.

Friquet n'aimait pas les Prussiens, et les Prussiens ne l'aimaient pas.

Chaque fois qu'il pouvait leur jouer un mauvais tour, il le faisait avec enthousiasme, je dirai même avec frénésie ; mais Friquet devait, un jour, payer en gros tout le mal qu'il leur avait fait en détail.

Pauvre Friquet !

Un jour qu'il rôdaillait, les mains dans les poches, le nez au vent comme un chien de chasse, il senti. quelque chose s'abattre sur son épaule :

— Ohé! le grappin de la Prusse, je parie, s'écria Friquet.

— Justement, gredin!

— Et qu'est-ce qu'il y a à votre service, le vieux?

— Ce qu'il y a... suis-moi au corps de garde, sacré lapin,

Petit espion!

— Moi espion! je croyais qu'il n'y avait que la Prusse qui exportait cette marchandise-là.

— La Prusse!

— Parbleu ! la Prusse. Est-ce que vous croyez qu'il y a encore des juges à Berlin?

— Mais certainement qu'il y en a...

— Toujours pas pour juger les voleurs de pendules et de montres.

— Hein! qu'est-ce que tu dis?

— Je dis que le roi de Prusse est un fameux bougre.

— Et Bismarck?

— Un sacré buveur de Champagne.

— Oui, mais qui ira jusqu'à Troyes.

— Et jusqu'à vous aussi, tas d'Allemands, qui ne voyez pas que vous serez incorporés après la guerre, comme de la chair à saucisses dans un pâté.

— Bismarck est un grand homme!

— Je le sais, et la guerre un grand fléau.

— Est-ce que tu connais la politique, toi?

— Non, je ne connais que la diplomatie.

— Ton père était donc attaché d'ambassade?

— Non; il était ambassadeur!

— Ambassadeur!!

— Eh bien! qu'est-ce qu'il y a de drôle, puisqu'il faisait partie du personnel du café de l'Ambassade à Paris.

— Et toi, quel métier fais-tu?

— Moi, je suis rentier.

— Avec quelles rentes?

— Avec celles de l'Etat, parbleu!

— C'est-à-dire que tu es payé par l'Etat pour nous espionner.

— Moi, vous espionner! bigr'... que j'aurais à faire, dans une armée où tous les soldats s'espionnent.

— Qui t'a dit ça?

— Mais sur vos drapeaux, il y a un aigle à deux têtes et à quatre pattes.

— Eh bien! quoi?

— Eh bien, cet aigle à deux têtes, c'est pour faire

comprendre qu'il y en a toujours une qui regarde à gauche, tandis que l'autre est tournée à droite.

— Et les pattes?

— Les pattes : parbleu! les pattes que vous ne vous contentez pas de dérober d'une main, mais que vous prenez des deux à la fois.

— Ah petit scélérat! heureusement que nous sommes arrivés... j'allais te flanquer ton compte.

— Flanquez-moi la liberté, vous feriez mieux, grand rouget!

.   .   .   .

.   .   .   .

— Allons! qu'on l'amène ici ; — ton nom?

— Gustave Friquet.

— Ta profession?

— Rentier.

— Ton père que fait-il?

— Il fait des enfants à ma mère.

— Et ta mère?

— Elle fait des enfants à mon père.

— Mais leur profession ?

— Eh bien, célibataires.

— Ah! célibataires... trois hommes et un caporal, et qu'on l'attache au poteau de la porte.

— M'attacher! si vous croyez que c'est par ce

moyen-là que je m'attacherai à vous, sacré tas de pillards... je vous emm.... !

— Friquet?

— Quoi! mon bleu de Prusse.

— Tu vas nous dire où a passé ton oncle depuis
trois jours?

— Certainement que je vais vous le dire.

— Eh bien, où est-il passé?

— Il est passé là, où passe le furet des bois Mes-
dames, le furet des couillons au bleu.

— Ah çà! vas-tu te f..... ainsi de nous, encore longtemps?

— Je ne me f... pas de vous .. je vous la donne à
l'oseille.

— Ah! tu nous la donnes à l'oseille... eh bien!
je vais te la donner au sel.

Caporal! déculottez-moi ce gamin, et appliquez-lui
vingt-cinq coups de lanière.

— Ce sera fait avec fondement au moins, n'est-ce
pas?

— Oui, et tu parleras.

— Je gueulerai plutôt.

— Tu parleras.

— Foi de Friquet, je ne ferai que hurler.

— Eh bien, allez!

— Aïe! tra, la, la!

Aïe! tro, la, la!

Ouf... la la! Que c'est trop... chameau!

(Bif et bouf, tric et trac...)

Allons, assez!... ne me plumez pas tout à fait...

— Frappez toujours!

Friquet se trouve mal : le sang coule de ses reins, sa chair est déchirée, sa poitrine est bleue.

Qu'importe! on le fait revenir à lui.

— Veux-tu parler?

— Vas-tu te taire... gredin...

— Recommencez!

— Bah! c'est pour la patrie; on ne reçoit pas ça tous les jours... maroufles!

Dis donc, est-ce que Guillaume fait donner ça sou-vent à Bismarck?

— Redoublez les coups!!

Friquet s'évanouit de nouveau; cette fois, des fragments de peau ont volé jusque sur le poteau. Il faut le détacher ou il faut le tuer.

Eh bien! ce corps, ce front, ce cœur n'avaient même pas... quinze ans!

Franconville, le 31 janvier 1880.

NAPOLÉON III ET SA POLITIQUE

Au citoyen Dufaure, ancien ministre

Qui n'a contemplé cette tête fatale,
      Caractéristique,
      Sardonique
    Du dernier César ?
    Arrachez son masque,
    Levez son voile,
Et vous la verrez dans toute sa nudité.
Quelle astuce est écrite dans ces yeux,
Quelle énergie dans ces traits,
Quel mélange de bonhomie et de férocité !
Il a de l'aigle, le nez recourbé,
De la hyène, le regard fauve.
Les moustaches sont en crocs,
Le front est élevé,

Mais ce qui est indescriptible : c'est cet air, c'est ce doute froid et ironique, qui glacent et qui paralysent ;

C'est ce doute mélangé d'hypocrisie, greffé sur une fatuité insolente, et rehaussé de la majesté que donne le commandement.

Cet homme n'a jamais cru à rien :

Ni à Dieu,

Ni à la justice,

Ni à l'honneur,

Ni à la conscience.

Il s'est joué de tout ;

Il s'est servi de tout ;

Et a fait de la France, sa chose.

Libertin et prodigue,

Désœuvré et sans foi,

Il a semé l'or par poignées,

Il a corrompu,

Il a acheté,

Il a avili :

Magistrature,

Armée,

Fonctionnaires,

Noblesse,

Bourgeoisie,

La France entière... quoi !

Son intelligence était... l'intelligence du mal ; aussi l'a-t-il exploitée avec succès, l'a-t-il mise à contribution.

Il a surexcité la fibre patriotique, et s'en est moqué ;

Il a assassiné, déporté, emprisonné ;

Il a violé sa propre parole, ses propres serments ;

Il n'a reculé devant rien, pour assouvir ses passions basses et farouches ;

Il s'est fait grand, en foulant : Liberté, Patrie, Conscience ;

En faisant litière de tout ce qui était noble.

Et ruisselant de sang,

> Ayant la malédiction du peuple,
>
> Il s'est fait couronner,
>
> Sacrer Empereur.

Il a trouvé un clergé :

> Pour l'encenser,
>
> Pour lui pardonner,
>
> Pour l'élever,

Pour chanter le *Te Deum !!*

Aussi, qu'avons-nous eu durant son règne ?

Une politique à la Don Quichotte, bête, étroite, sans but ;

Une politique d'aventuriers ;

> Sans conviction,

Sans direction,

Sans prestige ;

Une politique qui nous a donné : Nice et la Savoie.

Mais qui nous a fait perdre : L'Alsace et la Lorraine ;

Qui nous a donné : l'Invasion, Sedan et Metz :
pour apothéose !

« La campagne du Mexique a été la plus grande
» idée du règne, s'est écrié maître Rouher : Il n'y a
« jamais eu de fautes de commises, a-t-il répondu
» à M. Thiers ; l'Empire c'est la paix. »

On eut pu ajouter aussi : l'Empire c'est... l'emprunt ; depuis l'emprunt mexicain jusqu'aux emprunts incessants de la ville de Paris :

C'est la dette flottante,

C'est le pillage,

C'est la loterie,

C'est le charlatanisme, battant grosse caisse et
cymbales, pour remplir la caisse d'un César.

Demandez à Maximilien, si la campagne du Mexique
a été la plus grande idée de ce règne néfaste ?

Demandez à l'histoire, s'il n'y a jamais eu de fautes
de commises ?

Demandez au peuple, si l'Empire était la paix ?

Ah ! en vérité ; peut-on se moquer ainsi d'un peuple !

D'un peuple qui passe, pour le plus spirituel de la terre !

Peut-on, durant vingt ans, pratiquer une politique aussi stupide,

Aussi anti-française !

A quoi nous a servi la guerre de Crimée, si ce n'est à rétablir le prestige de l'Angleterre?

A quoi nous a servi la campagne d'Italie, si ce n'est à nous être aliénée l'Autriche?

Que sont Nice et la Savoie, en comparaison de ce que nous avons perdu, en comparaison des alliances dont nous nous sommes privés bénévolement, sottement.

Qu'est-ce que cette occupation de Rome, si ce n'est la folie à son apogée?

Vouloir donner la liberté à un peuple ; et en même temps, le contraindre à n'être pas maître chez lui.

Délivrer l'Italie du joug de l'Autriche ; et faire la France fusiller les Italiens à Mentana : Oui, à Mentana, « où les chassepots ont fait merveille. »

Quelle politique !

Quelle reconnaissance pour l'avenir !

Se créer une alliée ; et la mettre dans l'obligation d'oublier sa dette.

Et à Sadowa, où notre médiation nous a valu la

haine de Monsieur de Bismarck et la vengeance de la
Prusse.

Et en Chine, où nous sommes encore allés piller le
Palais d'été de l'Empereur, pour lui apprendre la
civilisation, et augmenter de nouveau le prestige de
l'Angleterre.

Ah ! que de fautes commises !

Que de bourdes !

Quel règne ! ! !

On fusille le peuple en grève,

On muselle la presse,

On tue la liberté,

On décrète des emprunts,

On foule aux pieds les lois,

On corrompt tout ;

Et quand las, énervé, aviné, ahuri, on ne sait plus
que faire ;

Que les orgies,

Les fêtes,

Les festins

Ont repu tous les partisans,

On s'en va, devant la voix menaçante du peuple,

Devant le cadavre de Victor Noir,

Déclarer la guerre à la Prusse :

Qui l'attend,

Qui la demande,
Qui la prépare depuis des années.
Et de toutes ces poitrines fêlées, enrubannées, sans cœur, sort ce cri stupide : A Berlin !

A Berlin ! tu fais pitié !
On ne va pas à Berlin :
Sans fusils,
Sans canons,
Sans chefs,
Sans patriotisme.
Tu as beau faire chanter *la Marseillaise*,
Le Chant du départ,
Qu'on n'y croit pas,
Qu'on s'en moque,
Puisque tu as tout prostitué :
Patriotisme,
Courage,
Vertu ;
Tu as tout acheté,
Tu as tout vendu ;
Et lorsque, titubant de peur et de honte, tu as crié à Sedan :
Hissez le drapeau blanc !
Le cœur atrophié de la France a battu... a palpité ;
Mais il était trop tard :

Elle était vaincue,

Elle était vendue !...

Et durant ce temps, que faisait notre bonne alliée...
cette Angleterre, pour laquelle on s'était sacrifié :

Elle temporisait,

Elle pérorait,

Elle échangeait des notes avec M. de Bismarck,

Des billets doux, où tout se passait en famille ;

Elle faisait espérer... mais en résumé, elle trompait.

Et quand sanglante, la France se tournait vers
l'Europe, en lui tendant les bras,

L'Italie répondait : Rome et Mentana,

L'Autriche hurlait : Solférino et Magenta,

La Russie : Sébastopol et Malakoff,

L'Allemagne :. Sadowa,

Et de l'autre côté des mers, les États-Unis lui
répondaient : Puébla et Mexico.

Et impuissante, elle s'affaissait sous les talons
prussiens.

Jusqu'au Danemarck qui l'accusait de l'avoir laissé
démembrer sans vergogne.

Aussi cette politique à la don Quichotte portait-elle
ses fruits, et permettait-elle à l'Invasion de s'implan-
ter jusqu'au cœur de la France ;

De menacer à la fois :

Le Nord et le Sud,

L'Est et l'Ouest ;

De tout détruire,

De tout piller ;

De la laisser seule se débattre entre les serres doubles de l'aigle noir ;

De la laisser écraser par l'Allemagne, accourue à la curée.

Et quand mise au pied du mur, l'Angleterre fut obligée de se prononcer, elle répondit comme répond un banquier :

— Qu'est-ce que je vous dois ? et, ouvrant son coffre-fort, elle nous envoya de l'argent.

Ah ! voilons-nous la face !

Que cette leçon nous serve ! !

L'Angleterre, comme alliée, quelle utopie !

Mais l'Angleterre n'a jamais été que l'alliée des peuples qu'elle annexe, afin de les exploiter et de leur faire rendre gorge.

L'Angleterre n'a jamais été qu'une grande Banque Européenne ;

Une terre à banknotes,

Et à charbon de terre.

Parcourez donc l'histoire ?

Étudiez-donc la sienne, et dites? peut-on demander
à une nation de la reconnaissance,

Quand le culte de cette nation est justement.....
l'Égoïsme ! ! !

Franconville, le 24 janvier 1880.

ADOLPHE THIERS

Une des grandes figures de l'histoire sera Adolphe Thiers.

> Quoi que l'on dise,
> Quoi que l'on fasse,
>> Ce sera.
> Sa mémoire durera plus que le marbre,
> Plus que le bronze.
> Sa statue s'effondrera ;
> Sa mémoire ne passera pas.

Quelle sympathique physionomie, que celle de ce bourgeois grand homme.

> Quel air de bonhomie,
> Quelle finesse dans le regard ;
> Rien de poseur ni de guindé :

Tout vrai,

Tout cœur,

La franchise et l'amabilité,

Le patriotisme et l'abnégation.

Aussi l'a-t-on acclamé et dénigré;

Encensé et calomnié;

Bafoué et chanté :

Jusqu'à ce que la mort, l'ayant renversé,

Ait crié à ses ennemis : Silence !

N'insultez pas le Libérateur du territoire,

Le prophète de nos malheurs.

La boue, que vous lui jetez, retombe sur vous-mêmes, car c'est un Français comme vous.

Il a pu avoir des faiblesses,

Il a pu commettre des fautes,

Mais que celui qui n'en a jamais commis lui jette la première pierre.

Allons donc !

Thiers sera et restera l'homme honnête et convaincu,

L'homme qui, sacrifiant ses croyances à la patrie, n'a pas craint de s'écrier : « J'ai cru... mais aujour-
» d'hui je ne crois plus ;

» Aujourd'hui je suis prêt à me prononcer :

« Maintenant que le voile est déchiré, je dois dire
» la vérité, rien que la vérité et toute la vérité.

« Et cette vérité, c'est que la République seule peut
» sauver la France ;

« La République seule doit être le gouvernement
» légal et reconstituant du pays. »

Eh bien, devant cette déclaration imposante et so-
lennelle, la France s'est relevée,

La France a espéré,

La France a trouvé trente milliards, en moins d'une
semaine ;

La France a acquitté sa rançon,

La France est devenue libre... et elle a pu se re-
cueillir... elle a pu pleurer en paix.

Quand le dernier soldat prussien a quitté le territoire, un grand cri d'allégresse est sorti de toutes les
poitrines,

Et le peuple reconnaissant a hurlé :

—Vive Thiers !

Vive celui qui, le patriotisme au cœur,

Malgré son âge,

Malgré les outrages,

Malgré les partis,

Malgré ses croyances,

Est allé mendier le salut de la France,

Est allé à Florence,

A Vienne,

A Saint-Pétersbourg,

Chercher des alliés ;

Est allé dire : Pitié,

Est allé demander secours ;

Pitié et secours que la politique de l'empire avait
rendus impossibles.

Et les larmes aux yeux,

Le désespoir au cœur,

Il n'a pas désespéré pour la Patrie.

Oh ! rendons à César ce qui appartient à César,

Mais rendons à Thiers ce qui est à Thiers !

Aujourd'hui qu'il repose en paix,

Que la trompette de la renommée l'a acclamé,

L'a proclamé,

Rendons-lui les honneurs qui lui sont dus,

Reconnaissons la justesse de ses prophéties,

Reconnaissons les services qu'il a rendus à la France ;

- Que tous les partis viennent s'incliner devant cette
tombe à peine fermée ;

Et si quelqu'un s'y soustrait,

Si quelqu'un l'insulte encore,

Dites sans crainte,

Dites qu'il n'est pas Français.

Dans l'Alsace et la Lorraine,

Dans les Vosges et la Champagne,

> A Strasbourg, comme à Belfort,
>
> On prononcera son nom avec respect;
>
> Il deviendra légendaire.

Thiers !!... O dresse-toi France, dresse-toi pour le défendre !

Tandis que ton sein saignait,

Tandis que ton drapeau était voilé de deuil,

Tandis que les partis s'entre-déchiraient sous le regard de l'ennemi,

Lui, allait quêter pour toi, les sympathies des peuples ;

Il allait, malgré ses cheveux blancs, de capitale en capitale, rappeler aux souverains leurs dettes.

Nouveau Bélisaire, il ne se rebutait pas ;

Et lorsque, harassé, désespéré, il arrachait des serres de la Prusse, Belfort,

> Il lui payait ta rançon :
>
> L'ennemi de nouveau se dressait,
>
> La France était menacée,

La guerre civile éclatait; et il lui fallait de nouveau, recommencer une lutte qui pouvait être fatale à tous.

C'était la Champagne en plus, démembrée de la France :

Encore une partie de notre territoire de perdue.

Eh bien non ! Devant l'imminence du danger,
    Il s'est raidi.
    Il s'est levé,
    Il a fait appel à tous les Français,
    Il est entré à Paris,
    Il l'a pacifié,
    Il a pansé ses plaies,
    Il y a rétabli l'ordre.

Et alors, nommé président de la République, il s'est écrié, dans une chambre où la majorité était monarchique: « Plus de monarchie,
Le gouvernement du peuple par le peuple,
Le gouvernement du peuple par la liberté. »
    Et chacun s'est tu :
Parce que chacun avait peur,
Parce que l'Alsace et la Lorraine sanglotaient encore,
Parce que les murs de Strasbourg fumaient,
Parce que notre armée prisonnière nous revenait à peine,
Parce qu'enfin, on avait conscience de sa honte.
Et aujourd'hui, que la France est grande,
    Que la France est forte,
    Que la France redevient virile,
    Qu'elle reprend sa framée,
    Qu'elle ceint de nouveau son écharpe,

Une poignée de gredins...

Une poignée d'aboyeurs, cherchera à ternir la renommée de Thiers.

Allons donc !!

Il est trop tard ; l'Histoire a parlé,

Le peuple a ratifié :

Thiers sera immortel,

Thiers sera légendaire!

LE CULTE DE LA PATRIE

Au citoyen Victor Hurard, directeur du JOURNAL
LES COLONIES

Durant vingt un ans, je t'ai élevé, mon fils,
Durand vingt-un ans, je me suis sacrifiée.
    Que de nuits sans sommeil !
    Que de larmes, que d'angoisses !
Ta pauvre mère, pour toi, priait soir et matin,
    Te berçait dans ses bras.
Et quand le Seigneur vient d'exaucer mes vœux,
Quand toi, mon noble enfant, tu fais vivre ta mère
    Que ton père abandonne,
Le gouvernement dit, sans entrailles, sans pitié :
    Il a l'âge d'être soldat,
    Femme, il nous le faut.

Et il prendra mon fils,
Mon trésor, mon seul bien :
Mon fils qui est ma vie,
Mon fils qui m'appartient !
Arrière ! patrie marâtre,
Peuple esclave des rois !
On égorge tes enfants,
On te vole tes trésors ;
Et ta bouche est muette,
Tes bras restent croisés.
O ironie amère !
Gouvernement despotique,
Qu'as-tu donc fait pour nous ?
Qu'as-tu fait pour nos fils ?
Cette dette de la patrie,
L'avons-nous contractée ?

L'Invasion seule réclame le sang de nos enfants,
Le foyer envahi veut seul des défenseurs.
Mais, quand rien ne menace le drapeau du pays,
Quand pour le bon plaisir d'une tête couronnée,
L'affreuse guerre ne sera qu'une sanglante fantaisie ;

Je garderai mon trésor,
Vous n'aurez pas mon fils.
Nous irons sous d'autres cieux,

Nous subirons l'exil.
Et mieux vaut le labeur que la livrée honteuse ;
Mieux vaut tendre la main sur le sol étranger,
Que de manger du pain pour défendre l'arbitraire,
Que d'être ainsi soldat.

. . . .

. . . .

. . . .

— Vous avez raison la vieille... mais aujourd'hui,
ce n'est plus la même chose :

L'Empereur est prisonnier,
La République est décrétée,
L'Invasion s'étend,
Les Prussiens avancent.....

— Que dites-vous !

— Ce sont les dernières nouvelles.

— Oh ! alors c'est autre chose.

Hé, le gars ! viens ici,
Viens, mon cher enfant,

Il faut que tu partes... il faut que tu t'engages. La
France est écrasée... la France saigne... la France
pleure.

Plus de mère !
Plus de faiblesse !
La Patrie avant tout.

Va décrocher du mur, le fusil de ton père,
>> Va prendre son havre-sac,
>> Et viens que je te bénisse !
>> Du moment qu'on est libre,
>> Que c'est pour la République,
>> Que c'est contre l'Invasion,
>> Pars, mon enfant, sans crainte ;
>> Et fais-y ton devoir.

Tiens, emporte ce papier, il vient de ton grand-
oncle, celui-là qui fut tué à côté de l'Empereur, à
Austerlitz, je crois,
>> Tu l'apprendras par cœur ;
>> C'est tout ce qu'il a laissé,
>> C'était sa seule prière,
>> Écoute-la :
« Une seule patrie tu adoreras,
» Et aimeras parfaitement.
» Elle en vain tu ne jureras,
» Ni autre chose pareillement.
» Ses jours de fête tu garderas,
» Pour l'honorer dignement.
» Et ta vie tu donneras,
» Pour la défendre héroïquement. »

Va donc, mon fils, va donc défendre ta patrie,
Aujourd'hui qu'elle est envahie ;

Aujourd'hui qu'elle t'appelle,
Va te serrer autour de son drapeau.
Et lorsqu'on te dira : Dieu avant la Patrie,
Réponds : Non, la Patrie avant Dieu !

MAC-MAHON & SA POLITIQUE

Au citoyen Challemel-Lacour

Je ne suis pas de ceux-là qui insultent par plaisir,
    Qui calomnient par haine,
    Qui sont payés pour cela.
Si je blâme, c'est que l'histoire m'y autorise,
Si je flagelle, c'est que ma conscience se soulève et
me crie : Tu le dois;
       Et je le fais.
    Au peuple à se prononcer,
    Car aujourd'hui le peuple est maître,
      Le peuple est roi.
Or, peut-on qualifier de politique celle du maré-
chal de Mac Mahon ?
Peut-on qualifier de politique, ce carnaval gro-

tesque de tous les partis travestis, dansant la gigue
au nez de la République ;

De cette République bonne enfant,

Craintive,

Chétive,

Ayant peur d'elle-même ;

S'imposant,

Se cachant,

Et n'osant élever la voix.

Peut-on qualifier de politique,

Toutes ces fourberies,

Tous ces expédients,

Toutes ces bassesses

D'un parti doublé de tous les autres partis qui ont
peur, et qui, dans une étreinte fraternelle, crient : Sau-
vez-nous... (en attendant que nous vous renversions).

Ah ciel ! que c'est écœurant,

Ah ciel ! que c'est indigne,

Tout ce qui s'est passé sous la triste présidence du
maréchal de Mac Mahon !

Et la République a été assez faible,

Assez sotte,

Assez bonasse,

Pour ne pas mettre en accusation le cabinet du
16 Mai ;

Pour ne pas traîner à la barre ces hommes coupables et responsables ;

Pour ne pas en appeler de suite à l'opinion publique.

Ah ! c'est à ne pas y croire !

Eh quoi ! on foule aux pieds les lois,

On force la main aux fonctionnaires,

On supprime la presse,

On complote un coup d'État,

On conspire au grand jour,

On est prêt encore à déporter, à emprisonner, à fusiller les Républicains,

De par la République à laquelle on a juré foi et hommage,

De par la République qui vous a faits ministres et maîtres ;

Et les Républicains ou soi-disant Républicains reculent devant l'accomplissement de leur mandat !

Ah grâce ! ne vous dites donc pas Républicains ;

Ne vous dites donc pas représentants du peuple.

Baudin présentait sa poitrine devant la force, et tombait au nom du droit.

Et vous avez eu peur, vous autres Républicains, de faire respecter la loi, de faire respecter le droit.

Arrière ! alors ;

Car c'est de votre faiblesse,

De vos demi-mesures que viendra votre châtiment.

De deux choses l'une :

Ou vous aviez le droit pour vous,

Ou vous ne l'aviez pas ;

Si vous l'aviez, et que vous n'agissiez pas, vous
étiez coupables ;

Or, comme vous aviez le droit :

En stigmatisant simplement le cabinet du 16 Mai
par un vote de blâme,

Vous avez été coupables,

Vous avez été inconscients ;

Car vous avez donné le droit, de nouveau, à tous
les partis, de lever la tête et de crier :

Les coupables, ce sont eux,

Les Républicains,

Les Révolutionnaires,

Les Partageux.

Tandis qu'il fallait, à la face du pays, traîner à la
barre tous ces hommes du 16 Mai.

Les juger,

Les peser,

Les stigmatiser,

Et les condamner.

Il fallait donner un exemple, et montrer une fois pour toutes que :

Pas plus la couronne d'un roi

Que le bâton d'un maréchal, ne sont au-dessus des lois.

Il fallait faire acte de virilité,

Il fallait faire acte de citoyens ;

Et le peuple aurait battu des mains,

Et le peuple aurait crié : bravo !

Vous ne l'avez pas fait ; l'Histoire vous en demandera compte,

Car le cabinet du 16 mai appartient aujourd'hui à l'Histoire ;

Laquelle lui demandera un jour comment il se fait que Bazaine se soit échappé ;

Comment il se fait que la loi n'ait pas été appliquée.

Eh bien oui ! c'est une tâche que Bazaine maréchal capitulard, après avoir été jugé et condamné, ait été acquitté... non par l'opinion publique qui l'a stigmatisé, mais par la faiblesse,

Mais par l'insouciance que l'on a mise à le garder,

Mais pour des causes que nous ignorons.

Ah ! prenez garde ! l'Histoire est impartiale,

L'Histoire pèse et décrète ;

Et lorsqu'elle a prononcé son verdict,

Il n'y a pas d'appel.

Ah! prenez garde, vous tous hommes du 16 Mai, qu'elle ne vous crie : Arrière !

Vous avez trompé le peuple,

Vous n'étiez pas Français !

MAITRE VEUILLOT

Il est de ces hommes fatals, qui portent sur leur figure la signature de Satan.

Pour eux, ils font flèche de tout bois ;

Ils vendent le Paradis,

Ils escomptent le Purgatoire,

Ils vous envoient en Enfer,

Et traitent de gré à gré avec Dieu, dont ils se disent les représentants.

D'une main, ils tiennent un goupillon,

De l'autre, un casse-tête.

Quand le goupillon ne suffit pas, on se sert du casse-tête.

« Dieu le veut, s'écriait Pierre l'Ermite.

« Le pape est infaillible, s'écrie Louis Veuillot.

Et tout un peuple ahuri, en plein dix-neuvième siè-cle, bat des mains,

Jubile,

Hurle : Vive le pape, et va porter à César le denier de Saint-Pierre ; car nos papes d'aujourd'hui peuvent marcher de pair avec les Césars.

S'ils n'en ont pas la pompe,

Ils en ont les grandeurs,

Ils en ont le trône.

L'infaillibilité du pape prônée, discutée, votée et imposée comme dogme. . . . .

Ah ! voilons-nous la face !

Pleurons notre pauvre patrie, et désespérons d'elle,

Quoi ! un homme ! un italien, un prélat peut, après 93, faire la nuit,

Peut : après Voltaire,

Après Jean-Jacques Rousseau, dire :

Je suis infaillible.

Infaillible en quoi ?

Mais la chair est faillible :

Vous n'êtes donc pas de chair et d'os ?

Avant d'être pape, qu'étiez-vous, dites ? une faillibilité ;

Et demain, sans même le secours de l'Esprit saint, vous devenez infaillible.

Allons donc !

A d'autres,

A Veuillot,

Aux cardinaux,

Aux archevêques,

Aux évêques,

A tous les prélats grands et petits, qui ont besoin de régner et de dominer.

Jésus ne se disait pas infaillible.

Et saint Pierre le serait plus que son maître, il serait plus royaliste que le roi !

Grâce ! donnez-nous le repos,

La France est lasse de toutes ces comédies,

Elle est lasse de toutes ces duperies,

Elle a besoin de sa tranquillité,

De son repos, pour payer les folies et les crimes d'un César.

Accordez-lui ce repos, et ne venez pas encore l'abasourdir, par vos clameurs contre la loi Ferry. Laissez à Veuillot le soin de prouver que, hors l'Église, point de salut.

Laissez-le dans sa sainte béatitude,

Dans son extrême onction,

Déchirer,

Déchiqueter,

Pourfendre les incrédules,

Les libres-penseurs,

Les athées de toutes sortes ;
Laissez-le, comme un rat dans un fromage,
S'engraisser,
Prendre du ventre,
Et prêcher l'abstinence ;
Laissez-le, avec les rentes de son journal, avec les
bénéfices de sa cure, s'écrier :
« Mon royaume n'est pas de ce monde.
Ah malin !
Ah jobard !
Ah tartufe !
« Il n'est pas de ce monde... » en attendant, tu te
donnes toutes les douceurs de cette vie mondaine et
terrestre ;
Tu te prépares l'éternité,.. avec la haine et le fiel ;
Tu rudoies,
Tu foudroies,
Tu écorches, au nom d'un Dieu plein de charité et
de mansuétude, tous ceux qui ne partagent pas tes
opinions.
Et tu crois faire avancer le coche,
Tu crois faire respecter l'Église !
Jamais !
Tu auras beau te mettre les poings sur les hanches,
Tourner des yeux fulgurants,

Hérisser tes cheveux,

Que cela ne changera rien à la vérité :

Dieu restera Dieu ;

Et Veuillot restera Veuillot, c'est-à-dire un simple mortel, n'ayant rien de divin.

Eh quoi ! mais bientôt alors, la religion du Christ s'enseignera à coups de fouet ;

On rôtira,

On écorchera,

On tuera : pour la plus grande gloire de Dieu, comme du temps de l'Inquisition.

Non, cher Veuillot... non !

Avant l'Église, il y a la Patrie ;

Avant le serviteur de Dieu, il y a le serviteur de cette Patrie.

Et aujourd'hui plus que jamais, la France a besoin du concours de tous ses enfants.

Avant de gagner des indulgences,

Avant de dire des messes, il y a à reprendre l'Alsace et la Lorraine.

Et si vous connaissez un moyen infaillllible pour atteindre ce but :

O Veuillot ! Veuillot !

Veuillez nous le donner,

Veuillez nous l'enseigner !

SA MAJESTÉ LE PEUPLE

A Victor Schœlcher, le vaillant champion
des libertés du peuple

> « La poule au pot d'Henri IV,
> restera toujours à l'état d'utopie,
> tant que le peuple ne sera pas son
> propre maître. »

Regardez-les, ces hommes hâves et soucieux,
      Au teint bronzé,
      Aux mains calleuses et dures,
      Ce sont les travailleurs,
      La richesse de la France ;
Ce sont les gueux, qu'a chantés Béranger,
      Aujourd'hui hommes,
      Jadis encore esclaves.
Ce sont ceux-là qui le matin se lèvent, prennent

leurs outils et s'en vont au travail tandis que dor-
ment: bourgeois et gentilshommes;

Ce sont ceux-là, qui font grincer la scie,

Bondir la masse sur l'airain de l'enclume;

Ce sont ceux-là qui, la poitrine nue,

Un haillon aux reins,

Un sourire sur les lèvres,

Luttent nuit et jour contre le froid et la faim;

Ce sont ceux-là, qui paient le plus d'impôts,

Qui font le pays riche,

Qui font le pays fort.

Aussi, salut au peuple,

A sa mâle énergie,

Salut, à lui qui est l'âme des nations!

Oui, c'est toi qui es maître,

Oui, c'est toi qui commandes,

Oui, c'est toi qui te nommes: Majesté et puissance;

Car tu es souverain,

Tu es juge,

Tu es roi.

Trop longtemps, on t'a tenu courbé,

Trop longtemps, on t'a enchaîné:

93 a brisé tes fers,

Peuple! tu dois défendre tes libérateurs,

Les acclamer,

Les chanter,

Les bénir !

Au Panthéon tu dois mettre leurs noms gravés en
lettres d'or sur l'airain et le marbre;

Car ils sont morts au service d'une idée,

Ils sont morts, fiers... au cri de : Liberté !

Peuple ! redresse-toi,

Parle,

Ne crains plus rien :

Tu as la République,

Tu es ton propre maître.

Fais taire tout ces envieux;

Écrase ces parasites;

Décrète tes lois ;

Vote.

Mais n'écoute plus tous ces farceurs royaux,

Tous ces princes sans principes,

Tous ces monarques sans foi;

N'écoute plus leurs paroles,

Leurs promesses,

Leurs mensonges.

Du sommet du trône au sommet de l'autel, il n'y
a qu'un abîme;

Cet abîme est pour toi,

Pour toi et tes enfants,

Pour toi et ta pensée.

C'est la nuit ;

Nuit royale ou divine,

Nuit sans nulle lueur,

Nuit dans laquelle encore on voudrait te plonger.

Ô peuple ! redresse-toi,

Repousse tes anciens maîtres,

Défends ta liberté,

Défends ce que tu as conquis !

Souviens-toi de tes fils morts sur les barricades au nom puissant du Droit,

Au nom de la justice ;

Souviens-toi des Césars,

Souviens-toi de leurs actes ;

Et quand on t'offrira un prince pour monarque,

Réponds-leur :

Le Monarque... c'est Sa Majesté le Peuple ! ! !

.   .   .   .

.   .   .   .

.   .   .   .

Et tu auras raison, car voici ce que coûte une seule guerre de l'empire ;

Une de ces fantaisies pour étayer un trône,

Pour assurer au fils l'héritage paternel,

Pour faire oublier les crimes de tout un règne.

Dépense de la guerre [1]........... 1.315.000.000

Indemnité à l'Allemagne....... 5.315.000.000

Entretien des troupes allemandes. 340.000.000

Indemnités aux départements en-
vahis............................., 1.487.000.000

Perte des impôts pendant la
guerre et des impôts de l'Alsace-
Lorraine 2.024.000.000

Reconstitution du matériel de
guerre 2.144.000.000

Pensions militaires, revenus di-
vers enlevés par l'annexion........ 1.314.000.000

13.939.000.000

Soit donc près de 14 milliards.

Soit donc nos charges annuelles augmentées de 632 millions.

Et qui paiera la carte laissée par ce César ?

Sont-ce les bonapartistes ?

Allons donc !

C'est encore la France !

Cette France qui a été saignée des quatre membres,

---

1. Bilan du dernier Empire, établi par M. Villefort, chef du contentieux au ministère des Affaires étrangères.

Cette France, vache à lait, que l'on exploite impudemment.

Ah ! placardez cette note partout dans les campagnes,

Fourrez-la sous le nez de chaque bonapartiste, et lorsque l'un-deux vous parlera de l'Empire, dites-lui :

Taisez-vous ; l'Empire c'est... la Ruine !

NOTE DE L'AUTEUR

Enfant créolè, j'étais exempt du service militaire.
Lors de l'invasion, étant de passage à Paris, ma première idée a été de m'engager. Mais atteint d'une
grave maladie, j'ai compris que c'était folie de ma
part. J'ai quitté alors la France et me suis rendu à
l'étranger pour me soigner, pensant que je pourrais
acquitter ma dette envers la patrie d'une autre
façon.

Aujourd'hui je tiens mon serment en livrant à la
publicité mon livre de la France.

Je sais bien qu'il fera crier plus d'un,

Je sais bien que systématiquement, on le criti-
quera,

On le bafouera,

On l'insultera,

Qu'importe ! l'histoire est là,

Et c'est à l'histoire que je laisse le soin de me
défendre.

Les faits sont les faits.

Les vérités ne meurent pas ; elles s'imposent tôt ou
tard à l'opinion publique, et la voix du peuple c'est
la voix de Dieu.

Donc, pourvu que la voix du peuple se prononce
en ma faveur, c'est tout ce que je demande.

Je ne suis pas publiciste, je suis négociant.

Je ne désire donc : ni place ni faveurs.

Gros-Jean, comme avant, je retournerai vendre
mes calicots.

Je dirai seulement à la critique : Fais-mieux ou
tais-toi ; car la plus grande preuve d'impuissance
d'un parti ou d'un homme, c'est de critiquer systématiquement une chose,

De lui jeter de la boue,

De la calomnier enfin.

Et devant la patrie démembrée, au lieu de pousser
toutes ces clameurs :

Croyez-moi, Bonapartistes, Royalistes et Cléricaux,
unissez-vous dans une étreinte fraternelle,

Au cri de : Vive la France !
Au cri de : Vive la Patrie !

. . . .

. . . .

. . . .

FIN

TABLE DES MATIÈRES

Imp. de Poissy
S. LEJAY et Cie

www.ingramcontent.com/pod-product-compliance
Lightning Source LLC
LaVergne TN
LVHW050216030726
842520LV00002B/551